JN088730

ワンルームマンション

「売却」を学ぶ入門書

投資をステップアップさせる
秘訣がここにある

リヴァティ株式会社/ 1級FP技能士
公認 不動産コンサルティングマスター
寺内 直哉
Terauchi Naoya

はじめに

この本を手に取っていただき、ありがとうございます。
本書は〈投資用ワンルームマンションの売却〉について解説をした書籍となります。

私は、主に会社員のみなさまの資産形成、とくに〈東京ワンルームマンション〉を通じた不動産投資のお手伝いをしている不動産コンサルタントです。仕事としてだけでなく、一個人としても20年近くにわたってワンルームマンション投資を実践し続けており、実際に自分で身銭を切って体験している分、一般投資家のみなさまと同じ目線をもっていることが、コンサルタントとしての私の強みだと考えています。

物件購入のお手伝いや運用のご相談などを通じて、不動産投資の現場に一番近いところで、長い間、投資家のみなさまと色々なお話をさせていただいてきました。
その内容はその時々の市況を反映したものとなるのですが、ここ最近みなさまからもちかけられる内容で増えてきているのが、**所有している物件の売却、いわゆる「出口戦略」**についてのご相談です。

これは言うまでもなく、新型コロナウイルス感染症が賃貸市場へ与える影響や、物価高が運営費に及ぼすコスト増など、賃貸経営の先行きへの不安が高まっていることが背景にあるのでしょう。コロナ以降の生活形態の変化で、東京23区内でも従来の家賃では賃貸付けが難しくなってきているエリアが出てきているとともに、管理費や修繕積立金などの値上げが検討される物件も増えてきています。

ここ10年近くに及んだ〈日銀の異次元金融緩和〉などを追い風として、不動産価格は右肩上がりの上昇を続けてきました。こうした賃貸市場の動向やそれに伴う金融機関の融資姿勢などにより、遠くない未来での反転の可能性を感じ、〈売却〉という手段による利益確定やリスク回避、または資産の見直しを図ろうと考える方が増えてきているのではないでしょうか。

別の言い方をすると、物件を増やし規模の拡大を競うことに偏りがちだった従来の資産形成の考え方に、変化が出てきているのかもしれません。

そんななかで、私のところには「すでに売却を済ませた」という方が相談にこられることも珍しくありません。

物件を手放してしまった後でやり直すことはできないのですが、「なんとなく気持ちがすっきりしない」という方がお越しになるのです。

「不動産業者からは『今が売りどき』と言われて、その気になってしまったけれど、**自分の資産形成のなかで、このタイミングでの売却は本当にベストな選択だったのか**

……」

「買った価格とほぼ同じ金額で売ったので、『税金はまったくかからない』と考えていたら、**100万円近く負担しなければならないことが後からわかった。仲介会社の担当者はなにも説明してくれなかった**……」

「『問い合わせが少ないから』と、担当者に言われるままに何度も価格を下げてやっと売れたけれど、**本当はもっと高く売れたのではないか**……」

こういった話の根本には、残念ながら数少ないとは言い切れない一部の不動産業者が、自社の売り上げを第一優先としてしまうことで、「投資家目線での最善なサポートを提供できていない」という事実があります。

しかし、このことがそのまま実害につながってしまっているのは、そもそも投資家側が〈所有物件の売却〉に関する予備知識をほとんどもっておらず、あまりにも無防備であることも大きな要因なのです。

もっとも、このような状況になってしまっているのは、無理のないことかもしれません。

書店の不動産投資コーナーを見ると、数多くの書籍が並んでいるなかで、その大半が〈買う〉、つまり〈投資用不動産の購入〉について書かれたものであることがわかります。

不動産投資においては、入り口である〈購入〉が重要であることは言うまでもないのですが、インターネット上も含めて、出回っている情報があまりにも〈購入〉に関するものに偏りすぎているのです。

その理由ははっきりしています。不動産投資に関わる一定以上の規模の不動産業者の大半が、「物件を仕入れて利益を乗せて転売する」、いわゆる販売会社であるためです。

もちろん、こういった販売会社の存在があるからこそ、その営利活動によって投資用不動産の流通市場が形成されていることはまちがいのないことです。しかし、この業界の主だった資金やエネルギーの大半が、新築・中古を問わず、「自社の投資物件を購入してもらう」ことに集中された結果、一般の方が当たり前のように目にする不動産投資に関する情報が〈購入〉に関するものばかりに偏ってしまっているという現状があるのです。

〈不動産の売却〉について正しい情報を提供している書籍も一定数ありますが、その多くは〈自宅の売却〉をテーマにしたものです。一般的な自己居住用物件を売るのに役立てることはできますが、投資用物件にそのまま活かせる情報が充分であるとは言えません。

〈投資用物件の売却〉について目にすることができる情報といえば、自宅に頻繁に送られてくる「今が売りどきです」「あなたの物件を欲しがっている方がいます」「査定だけでも大丈夫です」などをうたい文句にした、仲介業者のビジネス目的のダイレクトメールぐらいではないでしょうか。

以上が、私が〈投資用不動産の売却〉に関する書籍を書かせていただこうと考えた理由です。

この本では、不動産業界で投資物件に特化して25年以上業務に携わり、また個人としても20年近く不動産投資を実践してきた私が、これまで多くの方々の売却のお手伝いをさせていただいた経験や、自分自身の所有物件の売却経験に基づき、〈投資用ワンルームマンションの売却〉について、ポイントを4つに絞って解説をします。

簡単にまとめると、次のとおりです。

1.「実際に売る・売らないにかかわらず、売却について考えることは、どのような意味や効果をもたらすのか？」
……第1章
2.「物件が売れたときに諸経費や税金を差し引いて、手元に残るであろうお金は、どのように試算するのか？」
……第2章、第3章
3.「不動産業界の裏事情を知ったうえで、可能なかぎり高く売る方法とは、どのようなものか？」
……第4章
4.「〈将来の売却〉という観点から考えると、どのような物件を購入して、どのような持ち方をすればよいのか？」
……第5章

いずれも投資物件の売却にまつわる知識のなかで、絶対に知っておいていただきたい、基本的かつ必要不可欠なテーマばかりです。

〈売却〉で一番避けるべきは、なんら予備知識も事前準備もないなかで、そもそも〈今、その物件を売る〉という選択が最適なのかどうかの精査すらせずに、「今が高く売るチャンスですよ」「今売っておかないとリスクがどんどん膨らんでいきますよ」といったダイレクトメールや営業マンの口車に乗るようなかたちで、信頼できるかどうかもわからない仲介業者を通じて、売り出しを始めてしまうことでしょう。

このような状態で売り出してしまうと、自分の大切な資産の売却であるにもかかわらず、知識や準備の不足で売主としての主導権をもつことができません。その結果、不動産業者や購入希望者など自分以外の第三者のペースで話を進められてしまい、後々後悔するようなかたちで物件を手放すことになりかねません。

そのような事態に陥らないためにも、**〈売却〉というアクションを実際に選ぶかどうかは別として、〈売却〉について理解を深めておく**ことは、すべての投資家（所有者）にとって必須なことと言えるでしょう。

この本では、主に東京ワンルームマンションを題材に、私自身の業務経験と投資経験から培った、とくに優先順位が高いと考えられる内容を中心に深掘りして解説しています。そのため、この１冊で〈売却〉についてあらゆる項目すべてを網羅しているわけではありません。

また、本文中、マンション投資の収益を説明する箇所などで数字を多用している箇所もありますが、多くの方に理解しやすいものにするため、貨幣の時間価値などの専門的な領域にはなるべく入り込まず、わかりやすい内容にすることを優先しています。

巻末に参考文献として掲載したものも含めて、数多くはないながらもすでに出版されている書籍と併せて、〈売却〉についての理解を深めていただければ、うれしく思います。

本書が〈投資用ワンルームマンションの売却〉の正しい理解への足がかりとして、1つでも2つでも有益な情報をお伝えすることができ、不動産投資を行っているみなさまのより効果的な運用に役立つことができれば、著者としてこれに勝る喜びはありません。

2023年2月吉日　寺内直哉

Contents

第1章

〈売る〉を考えることの意味

そもそも〈売却を検討する〉ことは、不動産投資のなかでどのような意味をもつことなのか

第１章では、〈物件の売却〉を検討すること自体がどのような意味をもつことなのか、順を追って確認していきましょう。

この章の内容は、１人ひとりの投資家が「そもそも今このタイミングで、**実際に自分が持っている物件を売却したほうがいいのか、そうではないのか？**」を考えるうえで欠かすことのできない、とても重要なものとなります。

一方で、「その解説の中身は」というと、はじめからとっつきにくい感じで大変申し訳ないのですが、数字がかなり多く出てくる、本書のなかで一番読むのが大変そうな章でもあります。

説明の都合上、数字を並べたててしまっていますが、この第１章については、大まかな考え方のイメージを掴んでいただくことがなによりも大切です。「すべての数字を細かく追いかけていく」よりも、おおよその理解を前提として読み進めていただければと思います。

1 売却によって「利益を得る仕組み」

はじめに、〈東京ワンルームマンション〉を売却することで、投資家（所有者）はどのように利益を得ることができるのか、その仕組みについて確認していきます。

その前段階として、すでに実践されている方にとっては復習の内容となりますが、〈東京ワンルームマンション投資〉のおおよその運用法（持ち方）について見ていきましょう。

〈東京ワンルームマンション投資〉とは

〈東京ワンルームマンション投資〉の進め方は、**図表1－1**のようなかたちが一般的と言えるでしょう。一定の自己資金に加えて、30年や35年といった長期のローンを組むことで少額に抑えた月々のローン支払いを、マンションの入居者から得られる家賃収入で相殺することで資産形成していきます。

この〈東京ワンルームマンション投資〉は、地方物件や木造アパートなどを対象にした投資と比較すると、空室リスクが低く、経年による家賃や資産価値の下落が大きくないこと

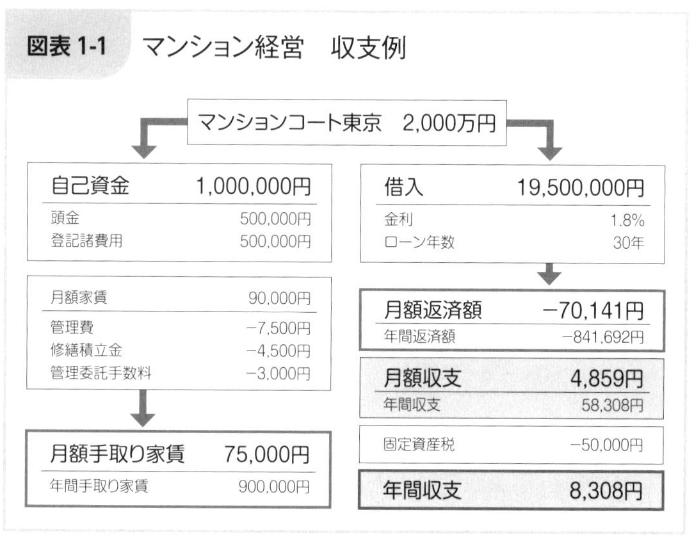

もあり、そもそもの物件利回り（得られる収益と物件価格との比率）は高くありません。

そのため、自己資金を相当額入れないかぎり、所有し始めてすぐに多くの現金収入を得られることはありません。しかし、その分、安定性をよりどころにコツコツと時間をかけることで、将来の安定収入源としての資産を築き上げていく運用法と言えます。

この〈東京ワンルームマンション投資〉に「なにを求めるか」といった目的やメリットとして考えるところは、投資家それぞれの見方により異なってきます。

〈将来的な安定収入〉に限らず、〈物件利回りと借入利息とのギャップ収益〉や〈ローンを活用することで生じる生命保険効果〉、〈現物資産を持つことによる、インフレ対策を兼ねた分散投資〉など、いろいろな観点があると思います。

また、〈将来的な安定収入〉に魅力を感じている投資家のなかだけを見ても、そのゴール実現への考え方はそれぞれ異なるものでしょう。

実際に〈安定収入〉という恩恵を受けられるのは、一定額以上のキャッシュフロー（以下、CF）が発生するときです。したがって、繰り上げ返済を積極的に行って月々のCFを増やす方もいれば、繰り上げ返済と同時にローン年数も縮めることでローン完済時期を早める、あるいは仕事をリタイアするタイミングで退職金などを使って残債の一括返済をするなど、投資家それぞれが想定するゴールの時期や資産背景などによっても、いろいろな取り組み方があります。

投資家が売却を考え始めるとき

このようなワンルームマンション投資で資産形成を進めているなかで、投資家（所有者）は、どのようなときに物件の売却を考え始めるのでしょうか。「はじめに」でも最近の傾向として少し触れましたが、おそらくは次のどちらか（時にはその両方）がきっかけとなるのではないでしょうか。

・持ち続けることが不安になったとき

・売ることで儲かりそうなとき

以下、順にその中身を見ていきましょう。

〈持ち続けることが不安になったとき〉

「持ち続けていることが不安になってきた」というネガティブなケースでは、ここ最近の傾向で増えている**「市況全般の先行きが怪しそうなので、今のうちに売っておこう」**といったものだけでなく、次のような、所有物件の実際の状況がきっかけになることも少なくないかもしれません。

物件を持ち続けてはいるが、「購入時に考えていたよりも入居者入れ替え時の空室期間が長い（もしくは長くなってきた）」「管理費や修繕積立金などの値上がりがあって収支が悪化した」「管理状態があまり良くなく、将来的な家賃や資産価値の下落が心配になってきた」など、**物件そのものに対する不安が高まってきた**場合です。

私自身も個人としてワンルームマンション投資を経験するなかで、所有している物件のなかから売却物件を選ぶ際は、〈それぞれの物件のネガティブな面を比較して検討する〉ことを当たり前のように行ってきました。

物件を買うときは、立地や建物または部屋の特徴、管理状態など、さまざまな角度から、その時点でのベスト（またはベター）な選択だと見込んで購入します。それでも、所有して初めてわかることや、時間の経過とともに変わってくるものは多々あります。たとえば、入居者募集時の決まりやすさや建物管理の実態、原状回復費のかかり方といったものです。

長期にわたり投資を続けていくなかでは、所有し続ける物件の見直しや整理のために売却を活用することは、有効な手段の１つと言えます。

〈売ることで儲かりそうなとき〉

一方で「儲かりそうなので売却する」のは、どのような場合でしょうか。

おそらくは「所有していることに満足している」、または「大きな不安はない。賃貸入れ替えはスムーズだし、管理状況も悪くなく、管理費なども大きくは値上がらなさそう。周りにどんどん新しいマンションが建てられているという不安材料もない」

ただ、「どうも今売ると儲かりそうだ……」ということでしょう。

そして、ここでいう「儲かりそうだ」というのが、買ったときよりも物件そのものの価格が値上がりしている場合だけではないのが、マンション経営の面白さかもしれません。

もちろん、買った価格よりも高く売れるのは喜ばしいことです。しかし、そもそも物件を手放すときは「買ったときよりも古くなった状態で売る」ということなので、価格が下がって売るケースを前提にしておいたほうがよさそうです。

それでは、買ったときよりも値下がりしたマンションを売却して、どのように儲けを出すのか見ていきましょう。

売却によって利益を得る仕組み

まずは、東京23区の中古マンションが古くなっていくことで、どのくらい価格が下がっていくのかを数値で想定します。

もっとも、マンションの価格は、景況感や金融機関の融資姿勢など市況全般の影響を受ける度合いが大きいものです。加えて、個別物件ごとに異なるエリアや最寄り駅からの徒歩分数、また周辺環境も含めた〈立地条件〉や、建物全体の総戸数や規模、管理状態等も含めた〈建物特性〉など、物件それぞれの個性によっても、その価格の変動度合いは大きく違ってくるものです。

したがって、単純な数値化には無理がありますが、ここでは便宜上、そういった観点は一旦無視して、築年数が1年経過するごとに価格がどのくらい変化してくのかを設定したいと思います。

一般的な不動産業者がマンション販売時に提示する将来シミュレーションでは、この値下がり幅を「購入時の価格を基準として1%／年」の減価率で想定することが多いようです。

ここでいう、「購入時の価格を基準として1%／年の減価」とは、たとえば2,000万円の物件であれば、年間20万円ずつ、10年間で200万円、20年間で400万円の値下がりということです。

本書では、経済統計の専門家である清水千弘氏（日本大学教授）が過去に株式会社リクルートと協同で行った研究調査を参考に、「1.5％／年」という、もう少し下がり幅の大きな減価率で考えていきたいと思います。

この分析データは2007年に発表された少し古いものですが、**東京23区の実取引データに基づいて、〈ヘドニックアプローチ〉という重回帰分析によって、マンションの築年数による取引価格への影響を調査した結果です。**

実際に売買の現場を長年見ている私の肌感覚からすると、「1.5％／年の減価率」はやや厳しめの想定に見えます。しかし、どちらにしても市況全体の影響や個別物件ごとのばらつきが大きいことも踏まえ、本書ではこちらを参考に、〈東京ワンルームマンション〉が1年古くなるごとに価格が下がる率を「購入時の価格を基準として1.5％」で設定したいと思います。

ここでは、値下がりの影響が金額として見えやすいように、「購入してから20年後の売却」という長めのスパンでのケースを考えていきます。2,000万円で購入したマンションを20年後に売却した場合の儲け具合の確認です。

【購入時情報】
価格 2,000万円
自己資金 100万円（頭金50万円、登記諸費用50万円）
ローン金額 1,950万円（金利1.8％　期間30年）

【20年後の売却時情報】
価格1,400万円　ローン残債770万円

2,000万円で購入した物件が1.5%／年で減価していくと、20年後には値段が30%下がって1,400万円で売却することになります。

一方で、購入時に1,950万円の融資を受けて支払いが始まったローン残債は、売却時点では計算上770万円にまで減っています。

つまり、20年後に購入時の2,000万円よりも価格が600万円下がった1,400万円で売却したとしても、その時点でのローンの残債は1,200万円ほど減って770万円となっているため、「1,400万円－770万円」で、手元には630万円の現金が残ることになります（図表1－2）。

このケースでは、当初頭金などで使った現金は、登記諸費用を含めて約100万円ですので、**計算上はその100万円が630万円になって戻ってきた**ことになるのです。

もちろん、実際に20年所有するということになれば、金利の変動によって収支やローン残債の減り方が変わってきたり、賃貸入れ替えによる空室や内装費の負担、設備の交換が発生するなど、単純なシミュレーションとは違い、現金を支出しなければならないことが多々起こり得るでしょう。

そのため、手元にリアルに残る現金はもっとシビアに試算する必要があります。しかし、**「当初投入した自己資金を増**

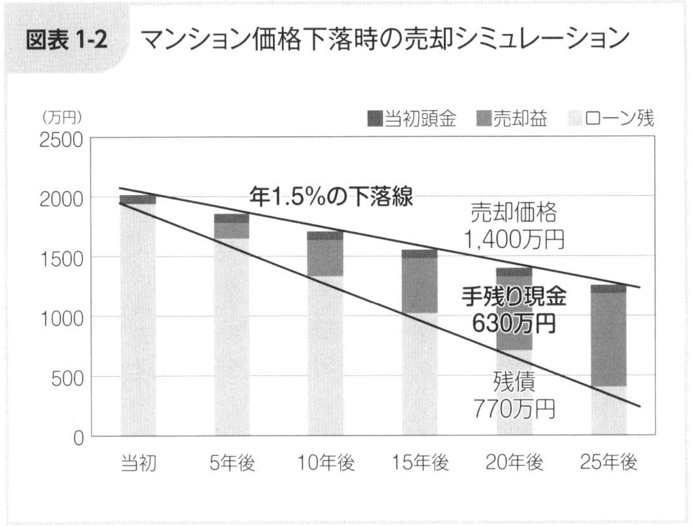

図表1-2 マンション価格下落時の売却シミュレーション

やして手元に戻す」という意味合いで、時間をかけることによって一定の儲けを確保するかたちの売却は、そこまで難しいことではなさそうです。

なお、実際の物件売却時には、仲介手数料や譲渡所得にかかる税金など、手残りの現金を算出するために押さえておくべき項目がいくつかあります。しかし、この章では「売却を検討する意味を理解する」ことを優先して、単純化のために省略しています。実際の細かな手残り現金の計算方法については、その注意点も含めて第2章以降で説明します。

このように、物件自体の利回りは高くない〈東京ワンルームマンション〉ですが、長期的に家賃収入が安定してくれて、経年時の価格下落が過去の延長線上から大きく逸脱しないかぎり、売却による利益の確保は選択肢の１つになり得ると言えます。

そもそも〈東京ワンルームマンション投資〉は、「長期的に資産形成を続けることで、その将来の成果として老後の安定収入を確保する」という面が強調されます。一方で、〈売却〉という選択肢をとることは「時間をかけて資産形成した分を〈一定額の現金〉として手元に還元させる」ことに他なりません。

〈保有し続ける〉と〈どこかのタイミングで手放す〉は、投資家から見ると、最終的に得られる果実のかたちは異なります。しかし、その根本にあるのは、どちらも〈時間をかけた資産形成の結果〉、つまり、〈家賃収入を自らの資産に取り込んでいったことの成果〉と言えるでしょう。

ちなみに、ここ２～３年の間に私がお手伝いをした売却仲介の現場を見るかぎり、購入した時期はまちまちでも、購入当時とほぼ変わらない、またはそれ以上の価格で売却できているケースが多々ありました。

このような場合は、ここまでお伝えしてきたような価格下落を前提としたものよりも大きな利益を手にしていることになります。

これは、個別物件の経年による資産価値の下落を、市況全体の与える影響がカバーした結果と見ることができます。〈東京ワンルームマンション〉の売却は、マンションが〈モノ〉である以上、大前提として〈経年による価格下落での売却〉を考えるべきですが、市況によってはそのかぎりではないということも言えそうです。

2

売却で生じる「手残り現金の意味」

前項では、〈東京ワンルームマンション〉を売却することによって利益を得る仕組みを見てきました。簡単に言ってしまえば、「時間をかけて資産形成に組み込んだ家賃収入を現金として取り出す」というのが、その中身でした。

続く本項では、この〈取り出せる現金〉について掘り下げていきます。

手残り現金＝投資資金

この〈売却したときに手元に残る現金〉とは、売却しなかった場合に〈その物件に投資されている現金〉と置き換えてみることができます。

別の言い方をすれば、マンション経営をしている投資家は、持っている物件を売却しないかぎり、**資産形成や将来の安定収入、生命保険、資産分散効果などを目的に、現金をその物件に投下し続けている**ということになります。

マンション経営を実践している方は、実際に売却するかしないかにかかわらず、この**「売却したとすると手元にいくら現金をつくることができるのか」**、つまり**「いくらの現金をそのマンションに投資しているのか」**を定期的に確認することをおすすめします。

このことは、本書で私がとくに強くお伝えしたいメッセージの１つです。

投資に費やせる〈時間〉と〈資産〉は限られている

そもそも投資家は、投資を通じてなにをしているのでしょうか。なにかしらの望んでいるゴールに向かって、一定の時間をかけて、自分の資産を運用しているわけです。

たとえば、35歳の方が、１年間に投資に回せる資金を50万円ぐらいと見込んでいるとすると、「30年後の65歳くらいまでには、老後に不安がないように2,000万円ぐらいにしておきたいなぁ」といった感じで、貯蓄と運用を続けるのです。

そして、その投資家が使うことのできる〈時間（たとえば30年間）〉と〈資産（たとえば50万円／年）〉は、言うまでもなく有限なものです。

もっとも、〈時間〉については、投資と呼ばれるものの多くが自分自身の実労力を大きく割く必要がないため、有限とは言っても同時並行して活用することができるものです。ときに投資を行うことのメリットとして、「本業以外の複数の時間軸を活用できるようになる」などと表現されたりもします。

たとえば、ある投資Aは、それが規模の大きすぎない不動産投資もしくは株式投資であるなら、会社勤めの方が本業と並行して取り組むのは難しくないはずです。さらには投資B、投資Cといった別の似たような投資を同時に行うこともできるでしょう。

それでも1人ひとりの投資家にとって、投資に費やすことができる期間が限られていることに変わりはなく、一般的には20代から60代前半ぐらいまでが、リスク許容の観点から見て〈投資適格年齢〉などと言われたりします。

投資家が使うことのできる〈時間〉は有限なものなのです。

一方で、〈資産〉のほうはどうでしょうか。こちらはもっとわかりやすく、**「限られている」**ということがイメージできます。100万円でも1,000万円でも、それが投資家の使えるトータルの資産であるならば、限られたものであることに間違いありません。不動産投資では融資を使って資産を膨らませることもできますが、当然ながら限度はあります。

仮に1,000万円を現金で持っていたとして、その1,000万円を株式投資に投下したのなら、別の投資先としての投資信託へその1,000万円を同時に当て込むことはできません。

当たり前のことですが、投資Aを選択している場合、〈資産〉が限られているものである以上、私たちは投資Bまたは投資C、投資Dといった他の投資を放棄しているのです。
マンション経営でいえば、〈所有しているマンションに投資しているであろう現金資産〉とは、少し大げさな表現ですが、「他の選択肢を犠牲にして投資している」とも言えるのです。

そして、この「他の選択肢を犠牲にしてまで、そのマンションに現金を投資している」ことが、その投資家にとって「正しいことなのか」、つまり「自分が目指すゴールのために最適なのか」は、**「投資している現金がいくらで」**、それに対して**「どのぐらいの収益や効果を得られているか」**がわかって、初めて検証できるものです。

たとえば、持っている物件を売却したことによって手元に残る現金が500万円と試算できたとします。これは、その物件に500万円を投資していることを意味します。
それに対して、今得られている収益や効果はその投資に見合うものでしょうか。色々な視点があると思います。

「500万円の投資に対して、今得られている月々のCFは充分と言えるか？」
「500万円の資金があるなら、もっと有利な投資先があるのではないか？」
「500万円を活かして、もっと有利なローンが使えるのではないか？」

「500万円を分散して、戸数を増やすことはできないか？」
「将来実現したいゴールは、今の投資をこのまま続けていく延長線上にあるのか？」
などなど……。

こういった、**現在進行中である自分の投資内容を確認し直すことを、投資理論の用語で〈中間分析〉と呼びます。**

そして、この中間分析をする上で欠かせない、**売却したとすると手元に残る現金、つまり、そこに投資されているであろう現金のことを〈投資基礎〉と言います（図表1－3）。**

売却を想定し手残りの現金を試算することは、この〈投資基礎〉をはっきりさせることであり、それは投資家それぞれが自分の投資の現在の状態を見つめ直すことにつながります。

この意味合いで、実際に売るか売らないかにかかわらず、

図表1-3 中間分析と投資基礎

【中間分析】	・現在進行中の自分の投資の状態を確認し分析すること
【投資基礎】	・その物件を売却した場合に手元に残る現金 ・その物件を売却せず持ち続けた場合に投資していることになっている現金 ・その物件を購入したときの頭金とは異なる

マンション経営を実践している投資家にとって、**売却を検討すること自体には一定の意義がある**と私は考えます。

〈投資基礎〉と購入時に使った自己資金との違い

ここで強調しておきたいのは、**現在そのマンションに投資されているであろう現金、すなわち〈投資基礎〉は、「その物件を購入したときに使った頭金などの金額」とは異なる**ということです。

当然とも言えますが、購入当時に使った頭金などは、その時点での投資資金にすぎず、所有してから一定期間経ったときに売却して手元に残る現金とはまったくの別物です。

所有している間、市況が刻一刻と変化することで物件の価格は影響を受け、ローンの残債は時間の経過とともに減少し、その物件へ投資していることになっている現金は変わり続けています。

購入当時に「頭金50万円、登記諸費用50万円」の合計100万円で投資をスタートしたので、「5年経とうが10年経とうが、自分が投資した資金は100万円のみ」と考えるのも、「実際に財布から出したお金がいくらなのか？」という見方で言えば、間違いではないでしょう。

ただ、**限られた時間と資産を使って最適な投資を行うために、「今この時点でどのような投資をしているかはっきりさ**

せる」という観点からすると、充分な捉え方ではないということです。

当初使ったお金がいくらであるかにかかわらず、あくまでも「このときにこの物件を手放したとしたら、手元にお金がいくら残るのか」こそが、今まさに投下している投資資金です。

「購入時に頭金などをいくら使ったのか」という〈過去〉の投資資金にこだわるのではなく、「売却をしたとすると手元にいくら現金を残すことができるのか」という〈現在〉の投資資金で、今このときの投資が最適なのかどうか、つまり〈未来〉に向かって最善なやり方なのかどうかを見定めるべきなのです。

 自分の投資を見直す必要性

誰もがそうだと思いますが、投資物件を購入する際には、さまざまな観点で検討するのではないでしょうか。

「どの会社と付き合おうか？」

「本当にこの立地でいいのか？」

「専有面積が狭すぎないか？」

「どのぐらい頭金を入れようか？」

「ローンの組み方は？」

などなど。

そういった色々な検討をするなかには、間違いなく、**その時点で選択可能な他の投資との比較もあるでしょう。**

不動産投資と種類の違う他の投資との比較もあれば、「どんな物件を持つのか」という不動産投資のなかでの比較もあると思います。

なぜ比較をするのかといえば、くどいようですが、投資に充てられる資産は限られているからです。そのマンションに現金を100万円使うということは、株式投資で使える100万円が減ることを意味しますし、他の物件に使えるであろう100万円がなくなるということでもあります。

そんななかで、その物件がもたらしてくれるであろう将来の安定収入や保険効果、資産分散効果などと、他の投資や他の物件を比較検討した結果、「その段階で使える100万円をその物件に投資する」という決断をしているのです。

このようにはっきり意識しているかどうかは別としても、物件を購入する時点では少なからず比較検討する投資家が、なぜか物件を所有した後は、自分のものとしたその投資を他の新たな投資対象と比べることをほとんどしなくなります。

もちろん所有して1～2年経ったぐらいでは購入時との変化が少なく、売買の手数料や税金のことも考えると、とることができるアクションは限られます。他の投資と比べることにあまり意味はないかもしれません。

ただ、5年や10年といったある程度の期間が経てば、市況は大きく変わることがあり、ローン残債は一定程度の減少が進み、売却時の税金も長期譲渡扱いとなります。

「今の投資の状態はどうなっているのだろうか？」
「投資している資金に対して充分な収益や効果が得られているのだろうか？」
「より自分にとって望ましい投資先はないのだろうか？」

あるべき姿で言うならば、投資が継続している間は定期的に、このような疑問をもって自らの投資状態を見つめ直し、自分の望んでいる目的やゴールのために、より効果的な他の選択肢が、もしも手の届くところにあるのなら、投下資金を一度取り出して投資先を変更することも検討すべきなのかもしれません。

投資家が自分自身のために使うことのできる〈資産〉と〈時間〉が有限のものである以上、その〈資産〉は自分のゴールを実現してくれる最適なところに投下すべきです。そして、投資活動を行える〈時間〉の間は、できるかぎりその最適な状態を保てるよう、定期的にメンテナンスする必要があるのです。

3 レバレッジがつくる「高い資金効率」

ここまでのお話で、〈定期的に投資の状態を見直すことの必要性〉を強調してきました。

なぜ**定期的に**必要なのかといえば、〈購入時の投資金額〉と〈一定期間経過してから投資していることになっている金額〉が異なっているように、**〈投資の中身〉**は刻々と変化するものだからです。

ここでいう〈投資の中身〉とは、**「投資している現金がいくらで」**ということだけでなく、それに対して**「どのくらいの収益や効果が得られているか」**も含めたものです。

この変化がどのようなものかを数字で見ていくために、マンション経営における**〈資金効率〉**という考え方を確認しておきたいと思います。

なお、最初にお詫びさせていただいたことでもあるのですが、ここから次の項までの内容は、解説のための数字がかなり多く出てくる、本書のなかで最も難しそうなところになります。

繰り返しお伝えさせていただくと、この後の内容については、大まかな考え方のイメージを掴んでいただくことがなによりも大切です。「すべての数字を細かく追いかけていく」よりも、おおよその理解を前提として読み進めていただければと思います。

〈資金効率〉を測るマンション経営の実収益

〈資金効率〉とは、文字どおり、「投資している資金がどのくらい効率的に運用できているか」を表すものです。

これは、投資の効果を考えるうえでいくつかある指標の1つにすぎませんが、限られた期間でより効果的に資産を増やす必要のある投資家にとって、重要な考え方であると言えます。

〈資金効率〉は「運用益÷投資資金」で考えます。

たとえば、運用益が年間で10万円見込める投資に100万円を投下しているのなら、「10万円÷100万円」で〈資金効率〉は10%ということになります。

この分子部分の〈運用益〉を、本書ではマンション経営を行うことで表立って得られるCFではなく、「表面に出てこないものも含めて、この投資を行うことで得られる実体としての収益」で考えます。

なにを言っているのかというと、銀行の通帳に印字されるお金の流れとは別の、**「投資家が得られる家賃収入」から「投資家が負担するあらゆる経費」を差し引いた「マンション経営の正味の収益」に注目する**ということです。

ここでは、実際に売却をしないかぎり通帳の数字には出てこない「物件の経年による価格下落分」も、投資家が負担する費用としてあらかじめカウントすることとします（先ほどと同じく1.5％／年の下落率で想定します）。

それでは〈得られる収入〉と〈負担すると想定されるあらゆる経費（≒内装費、金利、価格下落分）〉でマンション経営の収益を確認していきましょう。

マンション経営の収益＝〈得られる収入〉－〈負担すると想定されるあらゆる経費（内装費、金利、価格下落分）〉

なお、この式に出てくる〈得られる収入〉とは、入居者が払ってくれる家賃から建物管理費や修繕積立金、賃貸管理手数料、固定資産税・都市計画税（以下、固都税）などを差し引いた手取り家賃を指します。

計算式を正確に表すのなら、ここで家賃から差し引いている管理費や固都税など、いわゆる〈運営費〉と総称されるものも、金利などと同じ経費に区分けすべきなのですが、単純化するために、CF上に見えやすい運営費をあらかじめ差し引いた手取り家賃を〈得られる収入〉としました。

逆に、内装費も区分としては運営費となるのですが、こちらは毎年定額で発生するものではなく、あくまでも想定費用のため、別枠で５万円／年を経費として計上するかたちにしてあります。

【購入情報】
価格　　2,000 万円
自己資金 100 万円（頭金 50 万円、登記諸費用 50 万円）
ローン金額 1,950 万円（金利 1.8%）
年間価格下落率（想定）1.5%

【得られる収入（入居者家賃から管理費等を控除）】
年間手取り家賃 90 万円（物件価格から見ると手取り家賃利回り 4.5%）

【経費（内装費）】
年間想定内装費　▲５万円
【経費（金利）】
年間支払金利　　▲ 35 万円（1,950 万円× 1.8%）
（※当初１年目概算）
【経費 (価値下落分)】
年間価格下落　　▲ 30 万円（2,000 万円× 1.5%）

【年間収益 (収入－経費)】
年間収益　90 万円－５万円－ 35 万円－ 30 万円
＝ 20 万円

計算式から、このマンションを所有することによって、価格下落分も経費として加味したうえで、1年間で約20万円の収益を得られることがわかります（図表1－4）。

この20万円の収益は、投資家が現金で受け取れるものとイコールではなく、あくまでも〈得られる収入〉から〈負担するであろうあらゆる経費〉を差し引いた正味の収益として考えられるものです。

つまり、この20万円は一部のみ現金として受け取り、一部はローンの残債が減るかたちで資産として投資家のものになるとともに、計算上はその資産が経年によって価格下落する分も、投資家が負担する経費として差し引く調整を済ませ

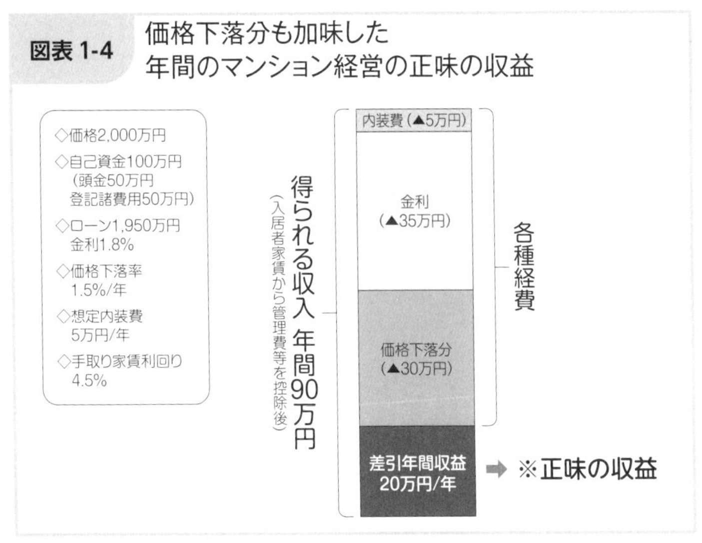

たものなのです。

実際の個別の事例で考える場合は、物件ごとに異なる収益や価格下落率などを考慮する必要はありますが、この試算は想定できる経費をすべて網羅しているので、大まかなマンション経営の実体収益を押さえることに役立ちます。

さらに付け加えると、この得られる収益は単年に限らず、物件を持ち続けている間は、時間の経過とともに累積的に積み上がっていくものでもあります。たとえば、年間20万円の収益なら、単純計算で10年間では200万円、20年間で400万円ということになります。

この時間とともに積み増していけるところが〈不動産投資の妙味〉とも言えるものです。ここでも、築年数が経過するごとに家賃や管理費などの変動を考慮する必要はありますが、その経年による変動幅が比較的小さいところが〈東京ワンルームマンション〉の特徴とも言えます。

そして、この年間20万円の収益は「想定できるあらゆる経費を含んでいる」という点で、**「投資している資金がどのくらい効率的に運用できているか」**というイメージを確認するのに活用することができます。

レバレッジ効果で得られる高い資金効率

先ほどの事例では所有1年目ということで、100万円の自己資金を投資したことによって、年間20万円の収益を得られる計算となっています。

自己資金100万円に対して、年間20万円の収益なので、単純に所有1年目の〈資金効率〉を計算すると「20万円÷100万円」で、20%ということになります。

1年間で20%の運用益が見込めるとなると、投資としては悪くない感じです。

この数字を生みだしているのは、投資家のみなさまにはお馴染みのレバレッジ、つまり借入れを活用したことによる効果の、1つの見方です。

この事例での〈物件自体の利回り〉は、経年による価格下落も含めて考えると2.75%ほどになります。

※手取り家賃利回り4.5%、内装想定費▲0.25%（5万円／年）、物件価格下落率▲1.5%
⇒差し引き物件自体の利回り2.75%

比較する対象にもよりますが、この「2.75%」という数字だけを見て、〈モノ〉を所有することで相応のリスクがあることを踏まえると、そこまで魅力的な投資対象ではないかもしれません。

ところが、ひとたび借入れを活用すると、この投資が「自己資金に対しては20%」という、非常に魅力的な投資と見なせるようにもなるわけです。

たとえば、レバレッジ効果の参考として「現金購入での不動産投資」と「借入れを活用した場合」とを比較してみます。

【現金購入の場合】

□ 2,000万円（手取り家賃利回り4.5%、価格下落率1.5%）

自己資金	：2,030万円 （購入金2,000万円、登記費用30万円）
収益	：90万円
内装費	：▲5万円
価格下落	：▲30万円
差引年間収益	：55万円
資金効率 （自己資金運用率）	：55万円÷2,030万円≒2.7%

【借入活用の場合】

□ 2,000万円（手取り家賃利回り4.5%、価格下落率1.5%）

自己資金	：100万円 （頭金50万円　登記諸費用50万円）
ローン金額	：1,950万円（金利1.8%）
収益	：90万円
内装費	：▲5万円
価格下落	：▲30万円
金利負担	：▲35万円

差引年間収益　：20 万円
資金効率　　　：20 万円÷ 100 万円＝ 20％
（自己資金運用率）

ここで、得られる収益だけを比較すると、借入活用の場合は 20 万円／年に対して、現金では 55 万円／年と、金利負担がない現金購入のほうが多くなります。

その一方で、動かした資金に対しての資金効率を見ると、現金の場合には 2.7％で、借入れを活用した場合には 20％となり、後者のほうがだいぶ魅力的な数字に見えます（図表 1 − 5、1 − 6）。

ただし、図表 1 − 7 にもまとめているとおり、レバレッ

図表 1-5　現金購入での資金効率（自己資金運用率）

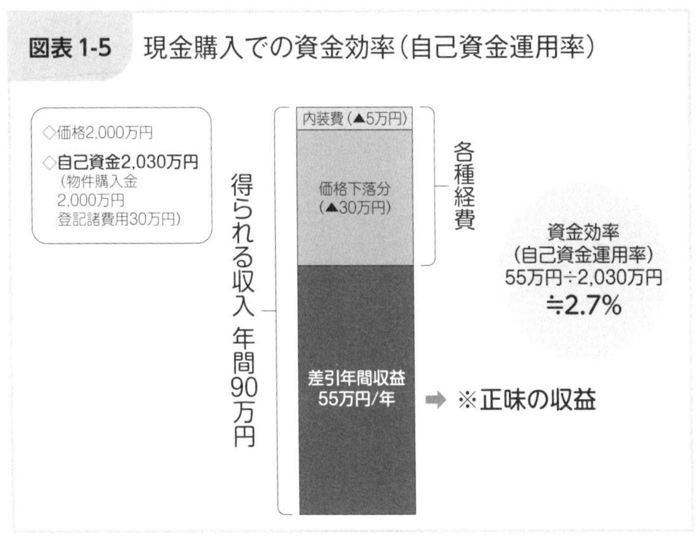

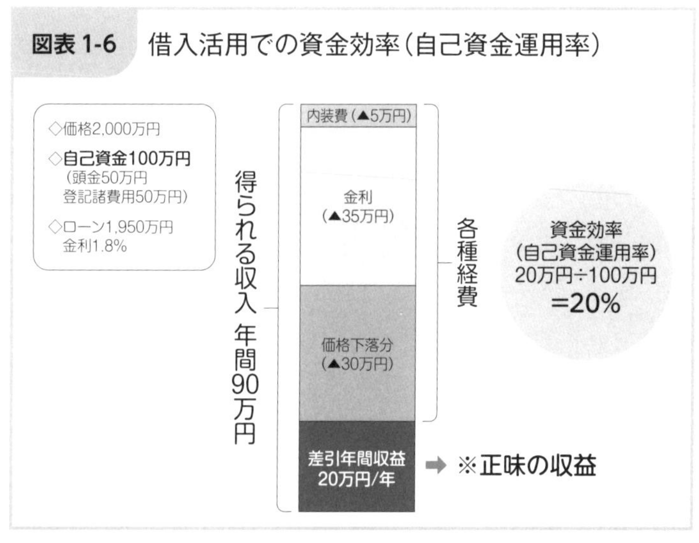

図表 1-6　借入活用での資金効率（自己資金運用率）

図表 1-7　借入活用のメリットとデメリット（注意点）

【メリット】
- 資金がなくてもすぐに投資をスタートできる
- 資産拡大のスピードが速くなる
- 資金効率が高くなる

【デリット（注意点）】
- 単一物件での収益は、金利負担の分小さくなる
- 金利変動リスクが加わる
- 空室時のキャッシュ持ち出しが大きい
- 規模を拡大する分、運営費変動リスクが大きくなる
- 規模を拡大する分、価格下落リスクが大きくなる

ジを効かせる、つまり借入れを活用するとは「所有する資産規模を膨らませる」ことを意味します。

借入れを活用することで、数十万円の自己資金で数千万円の資産を所有したり、保有する物件の数を増やしたりすることが可能となりますが、それに伴い投資家が抱える不確定要素も大きくなります。当然、デメリットもしくは注意すべき点も多くなるということです。

マンション経営を行うにあたって借入れを活用するのかどうか、活用するとしてもどのくらいの割合や規模にするのかは、理論上は〈安全性指標〉といったモノサシなどもありますが、はっきりとした正解があると言い切れるものではありません。借入れとの付き合い方は、投資家それぞれが求めるゴール、年齢や資産背景、許容できるリスク度合いなどによって、慎重に検討するべきものと言えます。

4

常に変化し続けている「投資の中身」

注意すべき点が多々あることを忘れてはいけませんが、借入れを活用することで自己資金に対する〈資金効率〉を高められることは事実です。

先ほどの事例では、レバレッジ効果により購入1年目の運用利回りは、約20%とかなり高く見込めることがわかりました。

時間の経過とレバレッジ効果

それでは、**このレバレッジ効果による高い資金効率が時間の経過とともにどのように変化していくのか**を見ていきたいと思います。

まずは、ある当たり前のことに注目します。

大多数の投資家は借入れを活用することで、〈資金効率〉の高い投資としてマンション経営をスタートします。

そして、それぞれの投資家が自分にとってのゴールを目指すのですが、一般的にそのゴールとして想定されるのは、借入れがまったくない状態で、月々の家賃収入を丸々CFとして得られるときです。

そして、「この借入れがまったくなくCFが得られている」とは、先ほど〈資金効率〉の低さが確認された〈現金〉で所有している状態です。

つまり、投資家は少なからずマンション経営の〈資金効率〉の高さに魅力を感じてスタートしているはずなのですが、目指しているゴールは、実は〈資金効率〉の低い状態なのです（図表1－8）。

そしてさらに、マンション経営を始めてからゴールに至るまでの途中経過の間も、徐々に〈資金効率〉が下がっているであろうことが予想されます。

なぜなら、マンション経営で得られる収益の一部は、〈完済〉というゴールに向かって確実にローンの返済に充当され、資

図表1-8 一般的なワンルームマンション経営の考え方

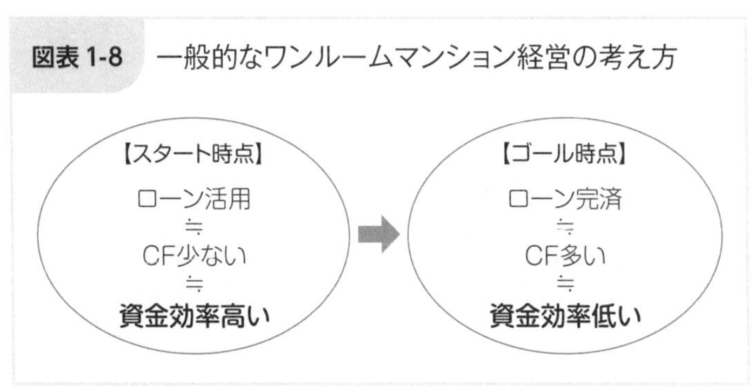

産として積み上がっていくものです。そして、その時間とともに積み上がっていく資産とは、そこに投資しているであろう資金に他ならないからです。

もちろん、本書で言っている〈資金効率〉とは、「得られる収益÷投資しているであろう資金」で考えているものなので、分母部分の〈想定される投資資金〉だけでなく、分子部分である〈得られる収益〉によってもその数字が変化します。そのため、一概に言えないところもありますが、一般的なマンション経営をしているかぎり、徐々に返済が進むことで、時間の経過とともに〈資金効率〉が下がっていくのは妥当なことと考えられます。

たとえば、マンション経営をスタートした後の途中経過ということで、次のような購入当時と10年後の〈資金効率〉を比較したケースを見てみましょう。

なお、購入時の投資資金は頭金と登記諸費用の合計額ですが、〈10年後に投資しているであろう資金〉とは、〈売却したとすると手元に残るであろう現金〉を指しています。

□購入価格2,000万円
ローン借入額1,950万円（金利1.8%、期間30年）
手取り家賃利回り4.5%
内装費▲0.25%　価格下落率▲1.5%

◇マンション経営　スタート時

自己資金　　：100万円
（頭金50万円、登記諸費用50万円）

収益　　　　：90万円
内装費　　　：▲5万円
価格下落分　：▲30万円
金利負担　　：▲35万円（1,950万円× 1.8%）
差引年間収益：20万円
資金効率　　：20万円÷ 100万円＝20%

◇マンション経営　10年後

売却想定価格　　　1,700万円
ローン残債想定額　▲1,420万円
手残り現金想定額　280万円（手数料、税金控除前）

収益　　　　：90万円
内装費　　　：▲5万円
価格下落分　：▲30万円
金利負担　　：▲25万円（1,420万円× 1.8%）
差引年間収益：30万円
資金効率　　：30万円÷ 280万円≒ 10.71%

物件の価格が年率1.5%で下落し続けたと想定すると、10年後の売却価格は1,700万円です。

一方で、10 年後に想定されるローン残債は 1,420 万円です。

この２つの数字から、10 年後の物件売却時に手元に残る現金は約 280 万円となり、この金額がこの時点でこの物件に投資されている資金と考えられます。

ここでは単純化するために、売却時の仲介手数料や譲渡所得税を加味せず、得られる収益は 10 年後も変化しないものとしていますが、資金効率が 20％から 10.71％へと下がっていることが確認できます（図表１－９）。

このように、**借入れを活用した東京ワンルームマンション経営では、購入当初に実現していた高い〈資金効率〉が、時**

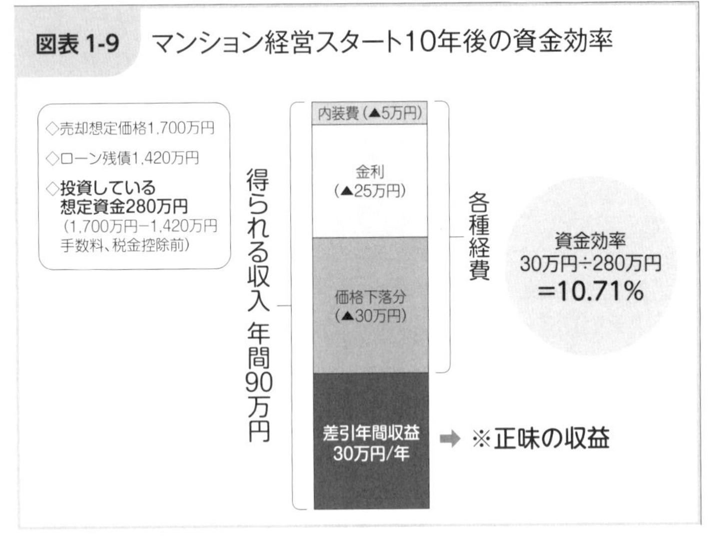

間の経過とともに下がっていく傾向にあることがわかります。

もちろん、その大きな理由はローンが減ったためであり、資産化が進み、所有者の純資産部分が増えているからです。

これは求めているゴールに近づいていることに他ならないのですが、「投下している資金に対して効率的な運用ができているのか？」という観点では、「購入時ほどには効率的な運用にはなっていない」ことを理解する必要があるのです。

価格の変動とレバレッジ効果

ここまでは時間の経過とともに〈資金効率〉が下がることを見てきましたが、実はもう１つ〈資金効率〉が明確に下がるケースがあります。

それは物件の価格が値上りしているケースです。事例で確認しておきましょう。

ここでも単純化のために、よほど良い買いものをしないかぎりあり得ないことですが、所有した瞬間に価格が200万円上がったケースを考えます。つまり、価格は上がっている一方で、売却時のローン残債は購入時と変わっていないという設定です。

□購入価格 2,000 万円

ローン借入額 1,950 万円（金利 1.8%、期間 30 年）

手取り家賃利回り 4.5%

内装費▲ 0.25%　価格下落率▲ 1.5%

◇マンション経営　スタート時

自己資金　　　：100 万円

（頭金 50 万円、登記諸費用 50 万円）

収益　　　　　：90 万円

内装費　　　　：▲ 5 万円

価格下落分　　：▲ 30 万円

金利負担　　　：▲ 35 万円

差引年間収益　：20 万円

資金効率　　　：20 万円÷ 100 万円＝20%

◇マンション経営　価格変動時

売却想定価格　　　2,200 万円

ローン残債想定額　▲ 1,950 万円

手残り現金想定額　250 万円（手数料、税金控除前）

収益　　　　　：90 万円

内装費　　　　：▲ 5 万円

価格下落分　　：▲ 30 万円

金利負担　　　：▲ 35 万円

差引年間収益　：20 万円
資金効率　　　：20 万円÷ 250 万円 =8%

このケースでは、物件の価格が 200 万円値上がりしたことで、〈資金効率〉が 20%から 8%に低下していることが確認できます（**図表 1 － 10**）。

もちろん、実際に値上がりして売却する場合には時間の経過がセットになり、ローン残債や得られる収益、経費も変わっているはずです。

また、仮にこの想定のように買ってすぐ売る 5 年以内の短期譲渡をした場合、単純化のために省略している譲渡所得税や仲介手数料を考慮すると、手残り現金はかなり減り、実は

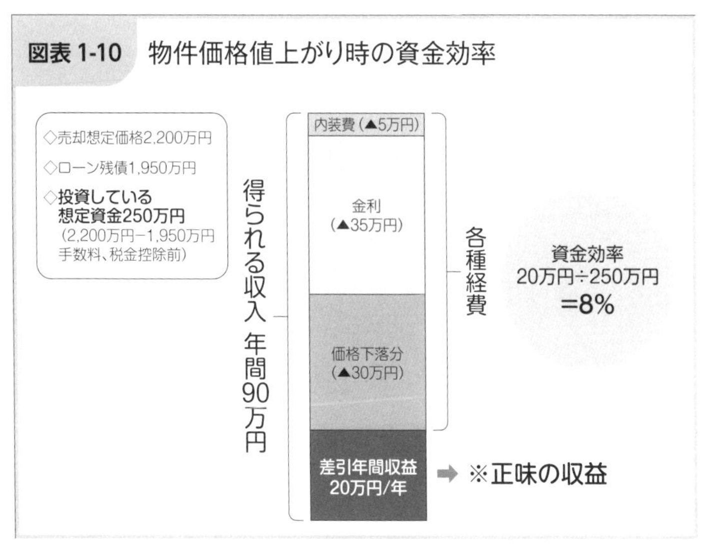

〈資金効率〉も値上がり前とそこまで変化しないことが予想されます。

そのため、この事例にはだいぶ無理がありますが、設定がシンプルな分、値上がり自体が〈資金効率〉を下げる要因になることはイメージしやすいのではないでしょうか（逆に物件価格の値下がりは〈資金効率〉を上げる要因になります）。

ここ数年のリアルな売買の現場では、主に継続的な金融緩和政策や、中古マンションへの融資期間が緩和された（最長ローン年数が延びた）影響などで、5～10年前に所有した物件が購入時よりも数百万円値上がって売却できるケースも珍しくありませんでした。

こういった状況では、**物件が値上がったことと所有した期間の分だけローン残債が減ったこと**の両方の影響で、潜在的に大きく〈資金効率〉が下がっていたことになります。

このようなケースで、仮に売却をせずに持ち続けることにした場合、**「資金効率の低い投資の継続を選択した」**という解釈もできてしまうのです。

 〈資金効率〉から考える投資の見直し

ここまで、投資の状態を数字で押さえる1つの見方として〈資金効率〉について細かく確認してきました。

現実的に自分の投資の見直しや修正を図る場合には、売却

時のコストや、新たな投資先の収益性やリスク、融資条件など、さまざまな要素を洗いだしたうえで、総合的に検討する必要があります。

単純に「〈資金効率〉が落ちてきたから、とにかく売却して別の投資に乗り換える」というわけにはいかないと思います。

ただ、〈資金効率〉という考え方が、限られた資産を限られた時間で、できるかぎり効果的に増やしたい投資家にとって重要なものであることは間違いのないことです。

「今の自分の投資の状態はどうなっているのだろうか？」
「投資している資金に対して、充分な収益を得られているのだろうか？」
「今やっている投資以外に、もっと自分にとって望ましい投資先はないのだろうか？」

このような問いかけから始まる〈中間分析（現在進行中である自分の投資内容を確認し直すこと）〉をする際には、〈資金効率〉の考え方は欠かせないものの１つです。そして、この〈資金効率〉は時間の経過や市況によって変化するという大きな特徴をもっています。

一定の時間が経ちローンの残債が減って資産化が進んできたとき、あるいは**市況が良くなって物件の価格が値上がって**

いるときなど、私たち投資家（所有者）にとって喜ばしい状況になっているときは、総じて〈資金効率〉が低下しているということを覚えておきましょう。

5 個人投資家としての「私自身の売却経験」

この章では、〈東京ワンルームマンション投資〉のなかで、**「そもそも〈物件の売却〉を検討すること自体、どのような意味をもつことなのか」**ということを理解するために、物件に投資していることになっている資金や、その資金の効率性について考えてきました。

「〈東京ワンルームマンション投資〉を実践している方の多くは、そもそも〈売却〉という選択肢が頭にないのではないか？」

これは、私が色々な方とお話をさせていただくなかで、たびたび感じてきたことです。

ここ最近のことだけで言えば、〈売却〉についての相談を受ける機会が増えてきているのは確かです。ただ、大多数の方はそもそも購入を検討するきっかけが**老後への備え（老後の安定収入）**が大半で、不動産業者からもそういった営業説明を受けているので、多くの方が「購入した物件は持ち続けることが当然」と決めつけてしまっているようにも感じられます。仮に売却するとしても、それはこの投資そのものから撤退するときで、投資をより効果的に機能させるための選択肢としては考えていないのかもしれません。

第２章で解説しますが、実際に物件を売却する場合は、税金や諸々の手数料が発生します。

もちろん物件を購入するときも、登記費用や取得税、ローン会社への手数料といった、物件の本体価格以外の費用がかかります。

購入するにも、売却するにも、それなりのコストを伴うので、「購入した物件は持ち続けるにこしたことはない」「コストを重ねてまで買い替えるという選択は得策ではない」という考え方もできるでしょう。

ただ、本章でお伝えしてきたとおり、**実際に〈売却〉するかしないかにかかわらず、〈売却〉を検討すること自体には、まちがいなく一定の意義があります。**

「売却したとすると手元にいくら現金が残るのか」を確認することは、「現状の投資はどういう状態にあるのか」を見つめ直すことにつながり、その後の投資時間をいかに有効に使えるかにも関わってくるからです。

限られた現金資産は、同時に２つ以上の投資先に投下することはできません。時間については確実に刻々と過ぎていくものです。

私が経験してきた低い資金効率

私が初めての投資マンションを購入したのは30歳のときでした。気がつけばあっという間に20年近くが経ってしまい、「過ぎ去った投資時間は戻ってこない」という当たり前の事実をひしひしと実感しています。

実は、私自身が〈中間分析〉や〈投資基礎〉といった考え方を知って、自分の投資に反映させるようになったのは、ここ数年のことです。20年以上もこの業界に身を置いておきながら恥ずかしいのですが……。

私の場合、あまり収入が安定しているとは言えない不動産業界にいながら、不動産投資を行ってきました。

よく知られているとおり、金融機関の投資マンションへの融資づけは、個人属性を厳しくチェックされます。物件を購入する際にローンを組ませてくれる金融機関を探すのには、かなり苦労をしてきました。

特に2戸目の物件を購入したときは、勤務先が変わったばかりということもあり、相談をもちかけたすべての民間の金融機関で融資を断られました。

最終的に唯一融資を受けられたのが、国民金融公庫（現在の日本政策金融公庫）で、金利自体は2%前半で悪くはなかったのですが、融資期間が10年間と非常に厳しいものでした。

融資期間が10年ということは、一般的な不動産投資ローンと違って30年や35年といった長期でない分、ローンの返済はどんどん進みます。

ただ、月々のCFは、得られる家賃収入をローンの支払いに充て込んでも、5万円ぐらいのマイナスとなっていました。

強制的に毎月繰り上げ返済をさせられているような持ち方ですので、持ち続けているだけで大変で、限られた資金もどんどんそのマンションにつぎ込まれていくという状況でした。

つまり、本章で言うところの、〈資金効率〉がものすごい勢いでどんどん悪くなっていく不動産投資が長く続いていたわけです。

ただ、そういう持ち方をしているなかでも、大きなマイナスのCFの状態を改善させようと、（これも〈資金効率〉を悪化させることですが）繰り上げ返済自体もかなり無理して行っていました。

また、私にとって初めての経験でしたが、その物件の前面道路が都市計画のために拡張されたことで、敷地の一部が東京都に買い上げられるということも起きました。おかげで建物自体は既存不適格となってしまいましたが、その分、多額ではないものの一時金も入り、その資金を繰り上げ返済に充てることもできました。

そういったさまざまな要因もあって、その物件に関しては早くに借入金を全額返済、それ以降は手取り家賃を丸々CFとして得られる状態にすることができました。

つまり、この物件単体では、購入してから10年も経たないうちに、いわゆる東京ワンルームマンション経営としての1つのゴールを迎えたわけです。ただ、今後も同じようなペースでどんどん借入れのない物件を増やしていけそうかというと、それは現実的に厳しそうでした。

新たな物件を購入するにしても、この2戸目の物件にかなり吸い取られて、資金はほとんどない状態です。

自分の不動産投資全体の広がりの悪さというか、発展性のなさ、閉塞感のようなものを感じていました。

この頃は勤務先のコンサルタントとしての不動産業務でも、相談を受けた投資家の方へは、購入した後の持ち方として、余裕があれば繰り上げ返済してCFを増やしていくことをおすすめし、売却の可能性にはあまり触れていなかったように記憶しています。

繰り上げ返済することは、金利負担を減らすことに直結します。最終的なゴールを借入れのない状態と考えるのなら、「繰り上げ返済」という選択は間違いではないと思いますが、〈資金効率〉という観点は抜けていましたし、すべての投資家の方に適した話とは言えなかったと思います。

売却および買い替えの実践

そんな時期が長く続いているなかで、ある書籍や講習を通じて、この〈中間分析〉や〈資金効率〉という考え方を知って学ばせてもらうなかで、〈売却〉という選択を真剣に検討するようになっていきました。

実際に〈売却〉という選択肢を行使したのは、検討しだしてから数年後のことです。

2戸目の物件を購入した当時と違い、新たな物件を購入する際の融資の選択肢が広がっていたことも、売却を実践する後押しとなりました。

融資の選択の幅が広がっていた理由は、私自身の勤続年数が変わっていたことと、金融緩和の影響で金融機関の融資姿勢に変化があったためです。

具体的になにをしたかというと、所有物件を1つ売却することで、そこから現金を取り出し、その現金を複数に分けて、新たな融資を活用して数戸のマンションを購入しました。つまり、買い替えることをしたのです。

2戸目の物件を買ったときには10年ローンしか組めませんでしたが、この買い替えのときは頭金こそ一定額以上が必要だったものの、信用金庫や信託銀行で30年や35年といった長期のローンが使えるようになっていました。

この〈売却〉と〈売却により取り出した現金を使った購入〉を実践することで、私の投資資金の一部を資金効率の低いところから〈資金効率の高い状態〉へと移行させることができたのです。

この経験は私にとって、「ケースによっては、戦略としての売却を絡めることが、投資全体の閉塞感を打ち破ってくれることにつながる」と強く実感できる良い機会となりました。

私の場合、もともとの融資条件やその後の持ち方が原因で、特に資金効率の低い不動産投資が前提になっていたため、結果として、この売却がドンピシャリとはまったということもあると思います。

ただ、なによりもこの実際の買い替え行動以上に、〈売却〉という選択を真剣に考えたことで、自分の投資の状態と向き合えたことに大きな意味があったと考えています。

「今どのような投資をしていることになるのか？」
「このままでいいのか？」
「アクションを起こすことで、より自分にとって効果的な状態にできないか？」

現状の投資を確認し、さらには踏み出せる可能性のある新たな投資先を模索して天秤にはかる。その自問自答した過程そのものへ価値を感じているのです。

あらためてお伝えしたいこと

私自身何度も経験しているのでよくわかっているのですが、マンション経営において物件を購入することは、物件選びからローンの審査、引き渡しの手続きまで、色々と手間ひまがかかって、さらには少なからぬ不安と向き合っての決断も必要とするものです。

１つひとつの物件がこういった労力をかけてようやく所有できたもので、一度持った物件には徐々に愛着も湧いてくるものでしょう。

また、特に〈東京ワンルームマンション〉を投資対象としている方からすると、家賃や管理費の多少の変動などがあったとしても、おおよそは始める前の目論見と変わらない安定的な運用ができているのではないかと思います。そもそも〈東京ワンルームマンション〉とは、そういう種別の、つまりミドルリスク・ミドルリターンな商品なのですから。

所有するまでがそれなりに大変で、その後は安定的に運用ができているのなら、わざわざ「投下している資金に対して充分な収益が得られているのだろうか？」と疑問をもってみたり、ましてやその先にある「売却して投資先を変更する」という選択を意識しなくても、「このままなにも考えずに持ち続けるのが一番いいのかなぁ」となりがちです。

ただ、本章で「これでもか」というぐらい繰り返し強調してきたことですが、時間は確実に過ぎていくもので、過ぎ去った時間を取り戻せないことも間違いないことです。

限られた時間のなかで自分にとって満足のいく結果を得るためには、定期的な投資のメンテナンスは欠かせません。

もちろん定期的に自らの投資を見つめ直す、つまり〈中間分析〉を行った結果として、所有している物件の投資は「現状維持が最適」ということになれば、それは歓迎されるもので、実際にそういう結論になるケースのほうが多いかもしれません。

ただ、その場合も、「現状維持」という結論に至る前に、「あぁでもない、こうでもない」と考えをめぐらせることが大切だと思うのです。

現在進行中の、リターンとリスクをリアルに背負った自分自身の投資と向き合って自問自答を繰り返すことは、資産運用に対する洞察のレベルを引き上げてくれるはずです。

本章では〈中間分析〉の材料として、〈売却時手元に残るであろう現金〉にとくに注目してきましたが、時間の経過がもたらすものは、ローン残高や売買価格の変動といったものだけではありません。

所有している物件の周辺環境や賃貸の需給バランス、また私の事例のように金融機関の融資姿勢なども変化します。

さらには、私たちは必ず年齢を重ねていきます。それに伴って私たちが投資に求める意味や優先順位も変わってくるはずです。

「売却の想定、状況変化の確認、新たな選択肢との比較など、幅広い観点で自分の投資を見つめ直し、必要があればその修正まで検討する」というアクションは、「私たち投資家がその気になればいつでも行うことができる、自分自身の投資の実力を高めるよい機会である」ということを覚えておいてください。

この後の第２章と第３章では、売却を想定したときの具体的な手残り現金の計算について解説します。

いくらで売却するといくら手元に残るのか、おおよそでも自分で試算することができれば、この章でお伝えした「自分の今の投資の状態を確認する」ことが、より身近なものとなるでしょう。

さらに手残り現金の試算ができるメリットをつけ加えると、**リアルに自分の物件の売却を検討する際に「そもそも売るのか売らないのか？」、そして「売るならいくら以上だったら売るのか？」**といった判断の目安をもてることだと言えます。

そして、それは**実際の売却活動を、不動産業者に言われるがまま受け身の姿勢で行うのではなく、売主自らが主導権をもって、自分の希望に沿った納得感をもてるかたちで取り組める**ことにつながるのです。

この後の「手残り現金の計算」は、第１章の内容をより具体的に活用するためにも、現実的に売却を考えるときのためにも、とても重要なものとなります。

コラム①

身近なもの（例：マイカー）で〈資金効率〉を考える

本文中で出てきた〈投資基礎〉や〈資金効率〉について、ここではコーヒーブレイクの意味合いで、少し違う角度から柔らかめに考えてみたいと思います。

〈投資基礎〉とは、そこに投資されているであろう現金のことであり、〈資金効率〉とは、その現金がどれだけ効率的に運用されているかを表すものでした。

身近なものでイメージしてみるために、私がマイカーの査定をしたときのことをお話しします。

私はあまり車に詳しくないのですが、その前提でおつきあいください。

私が生まれて初めて車を買ったのは、2013年4月のことです。その当時、中古8年もの（2005年2月製造）のスバルの軽自動車R2でした。

私は学生時代から車にほとんど興味がなく、働きだしてからも移動手段はもっぱら自転車と電車でした。しかし、子どもたちが生まれ、幼稚園や小学校などに通い始めるようになると、妻から「やっぱり車があったほうがなにかと助かる」と言われて、初めて車を購入したのです。

このR2は本体価格が35万円で、購入時の諸費用を合わせると約40万円の買い物でした。
その後、この車は、3人の子どもたちの習いごとの送り迎えや、荷物が多くなりそうな夫婦での買い物、年に数回のちょっとした家族旅行などで活躍してくれました。

ただ、時間が経つとともに小さかった子どもたちは成長していき、送り迎えはだんだん必要なくなってきます。また、一番上の子が12歳になったときには、5人家族全員では乗れない車となっていました（12歳未満の子どもはカウントの仕方が異なりますが、軽自動車は4人乗りが原則であるため）。

そういったこともあり、購入してから5年後の2018年、つまりこの車が13年ものの段階で、売却の査定をしてみたのです。車種や年式、走行距離など簡単な項目を入力するだけで査定されるweb上で簡単にできるものです。
「それなりの金額で売れるなら、軽自動車から家族5人で揃って乗れる乗用車に買い替えるのもありかな」くらいの軽い気持ちで査定をしてみたわけです。

その結果はどうだったかというと、いくつかのサイトで試してみたのですが、大半が0円（もしくは「査定不能」）で、一番良いものでも5,000円という査定価格でした。この結果は私にとってなかなかショッキングでした。

車検時だけでなく1年点検時にも、(業者さんのほぼ言いなりではありますが) エンジンオイルやバッテリーの交換など費用を伴う手入れを頻繁に行い、それなりに大事に乗ってきたつもりでした。なんの不具合もなく、調子よく動く状態でしたが、40万円で購入した車が5年乗っただけで5,000円とは……。

当時このことを会社の先輩に話したら、「まぁ、そんなもんだよ。その年代の車ならお金を払って引き取ってもらうのが当たり前だから、5,000円でも値がつくならいいほうなんじゃない」とのことでした。私はいまだに車のことはよくわかっていないのですが、そういうものなのでしょうか。

特殊な事情がないかぎり、マンションではこういうことはあり得ませんので、私にとってはなかなかの衝撃でした。同じ値下がり率で考えると、2,000万円で買ったマンションが5年後に25万円になるということです。まぁ、車とマンションでは耐用年数が異なるので、比較をすること自体、おかしいのかもしれませんが……。

ちなみにこの時点で、私にとってのこの車の使いみちは、週に1回ぐらい妻とスーパーへ買い物に行く、雨がひどいなど特別なときだけ子どもたちの送り迎えをする、自転車や電車では行きにくい役所へ行くときに使う、といったものでした。使う頻度は少なくて、家族5人で乗れないまでも、それなりの使い勝手には満足していたわけです。

さて、ここからようやく本題に入ります。このとき私がこの車を売らずに乗り続けた場合の〈資金効率〉を考えてみましょう。本文中では、〈資金効率〉を「得られている収益÷投資資金」で見てきましたが、この分子部分（得られている収益）をもう少し広く考えて、〈得られている効用、またはその効用を金銭に換算したもの〉で考えます。

結論を言ってしまえば、この車を換金したとして本当に 5,000 円にしかならないのなら（私が行ったのはあくまでも簡易査定のみです）、「この車に乗り続ける」という判断をした場合、私はかなり〈資金効率〉の高い選択をしたということになりそうです。

この車の使い勝手に私がどれくらいの効用を感じているかにもよりますが、〈資金効率〉の分母部分は〈投資資金〉、つまり〈そこに置いているであろう現金〉ですので、売却時の想定価格が安ければ安いほど、〈資金効率〉が高くなることは間違いないことです。

すごくざっくりとした試算をしてみますが、私がこの車を使えることで感じている利用価値を金銭に換算したものが、年に 30 万円だとしましょう。

一方で、この車を使用するのには費用も発生します。たとえば、2 年に一度の車検時にはまとまった額の支出があり、また、その利用価値を活かすためにはガソリン代もかかるわけですので、そのあたりも加味する必要があります。

仮に維持管理費やガソリン代などを年10万円ぐらいだとすると、私がこの車を乗り続けることで得られる年間の効用は「利用価値30万円」マイナス「経費10万円」で、差し引き「20万円」ということになります。

一方で、この車を売却したときに得られるであろう現金、つまりこの車に投下していることになっている現金を5,000円だとすると、〈資金効率〉は「20万円÷5,000円」で4,000%ということになります。うん、すごい資金効率です（笑）。

もう少しだけ話を膨らませてみたいと思います。仮に、このスバル社のR2が大ヒットした映画に登場したとしましょう。そして、この映画のなかで、なかなか良い感じで主人公の素敵なライフスタイルを演出するような役割を果たし、R2人気がかなり高まったとします。

私が知るかぎり、このR2は現在生産されていないはずなので、この映画をきっかけにして、中古車市場のなかでの購入需要が高まったとします。モノの数自体は限られているので、その希少性も相まってプレミアがついて、価格が跳ね上がることもあるはずです。

ここではその市場価格が50万円になったとしましょう。5,000円が50万円になったら、オーナーとしてはかなりうれしいですね。

ただ、この場合、この車に対する私にとっての効用が変わらなければ、「効用÷投資基礎」で求められる〈資金効率〉は大幅に落ち込むことになります。

売却すれば50万円の現金が手に入るのに、それをせずに「乗り続ける」という選択をした場合は、「20万円（乗り続ける効用）÷50万円（投下していることになっている資金）」、つまり〈資金効率〉は先ほどの4,000%から40%にまで下落することになるのです。

ここでお話しした車のケースは〈利用価値〉の話であり、わかりやすく収益性だけで判断できる投資マンションとは異なりますので、ストレートに本文の理解を助けるたとえにはならないかもしれません。しかし、ときには身近なものでその換金性を想定して、そこに投下しているであろうお金が、どれだけ自分の効用につながっているのかを確認してみるのも面白いかもしれません。

ただ、こういったことを考える際には、所有している事実そのものがオーナーにとっての喜びとなっている場合は、収益性や利用価値に加えて、その〈所有実感〉といった効用も〈資金効率〉を測るうえでの分子部分に加算してあげてもよいかと思います。

たとえば、先ほどのR2の事例で、「あの映画で大活躍した誰もがうらやむR2に乗れている」ということに所有者である私自身が大きな喜びを感じているのなら、乗り続けることへの効用は元々の 20 万円に「＋α」が発生しているはずです。この場合、〈資金効率〉は単純に 4,000％→ 40％にまでは下落していないかもしれません。

この〈所有していること自体の喜び〉を数字にどう換算するかは、だいぶ個人差も出てきそうで、難しいところになりそうですが……。

いずれにしても、本文も含めてお伝えできるのは、売却したときに手元に多くの現金が残るものを所有していることは、〈資金効率〉の低い運用となってしまっている可能性が高く、あまり現金が残らないものを持っている場合はその逆である、ということです。

そういう観点で見てみると、どうも私の身の周りには高い〈資金効率〉で運用（使用）できているものがちらほらとありそうです。

たとえば、かれこれ 10 年以上乗っていて、ブレーキをかけると周囲が振り返るほどの高い音を発し、備えつけの鍵もさびついていて開け閉めできない、地元スーパーで買った自転車。本体だけでは画面が映らず、DVD レコーダーを通すことでしか番組を楽しめないテレビ。ちなみにこのテレビには、DVD でなにかしらの番組を録画中だと、その録画中のものしか見られなくなるという欠点もあります。

このあたりのものは、おそらく値段をつけて売ることはできないはずなので〈資金効率〉はかなり高いと言えそうです（汗）。

みなさまも身近なもので、〈資金効率〉の高いものや低いものを探してみてはいかがでしょうか。

第2章

〈納得できる売却〉に必要な手残り現金の試算（理論編）

主導権をもった売却は〈手元に残せる現金〉の
試算から始まる

第２章では、「いくらで売れたら、いくらの現金が手元に残るか」を試算することの必要性や考え方を解説します。

たとえば、「持っている物件が 2,000 万円で売れたとしたら、手元に 300 万円お金が残る。1,850 万円で売れたら 180 万円残る」といった感じで、**売れた価格ごとに「手元にいくらお金が残るのか」**という話です。

第１章では、〈売却を検討すること自体の意味〉にフォーカスするため省略しましたが、売れた金額から残っているローン額を差し引くだけでなく、負担する手数料や譲渡所得税も含めて、手元に正味残る現金を試算します。

具体的な計算は次の第３章で解説しますが、ここでは実際の計算方法に入る前に、その考え方や背景について説明をします。

1 手残り現金の試算がもたらす「売却活動の主導権」

手数料や税金も含めた手残り現金の試算ができると、売却想定額を設定し、〈その物件に投資しているであろう現金〉を確認して、今現在の自分の投資の状態と向き合う際に、よりリアルな数字で考えることができるようになります。このあたりの重要性については、第１章でお伝えしてきたとおりです。

そして、この第２章でお伝えしたいことは、**〈手残り現金の試算〉は、売主としていざ物件を売り出す際の〈主導権をもった売却活動を実現させてくれる土台〉**となることです。

試算でわかる3つのこと

物件を売ることを真剣に検討し、売却することが自分の投資にプラスの効果がありそうだという結論になったとします。次に私たちが考えるのは、「じゃあ、この物件は、いくらだったら売ってもいいのだろうか？（いくらだったら売りたいのだろうか？）」ということではないでしょうか。

売るかどうかの検討対象になっている物件が、賃貸入れ替えのたびに空室が長く埋まらず、管理費や修繕積立金もどんどん値上がりしていて、「とにかく手放したい」というようなケース以外では、**その売る（売れる）価格次第で、売るか売らないかの判断をするでしょう。**

これは極端なたとえですが、10年前に2,000万円で買った物件が、4,000万円で売れるのなら大半の方は売るでしょうし、1,000万円だったら売らないでしょう。

そして、**この売るか売らないかの価格ラインを、現実的に検討していくうえで欠かせないのが、この〈手残り現金の試算〉**ということになります。

手残り現金が試算できると、次の3つのことがわかります。

① **その物件に投資されている現金がいくらなのか？**
② **次の投資に充てられる現金がいくらになるのか？**
③ **その物件を買ってから売るまでにいくら儲かったことになるのか？**

①と②は第1章の内容そのままです。売却したときに手元に残るであろう現金が、その物件に投資されている資金とみなすことができ、それはつまり新たな投資先へ向けられる現金でもあります。

また、手元に残る現金に、その物件を買ったときに支出した頭金や諸費用、繰り上げ返済した金額や所有中のキャッシュフロー（以下、CF）を合計することで、③の入口から出口まででいくら儲かったことになるのかを簡単に確認することができます。

【購入から売却まででいくら儲かったのか】
≒「売却時に手元に残る現金」－「購入時頭金および登記諸費用」－「所有中繰り上げ返済金額」 ± 「所有中CF 合計額」

手残り現金の試算が「投資家の主導権」をつくり出す

物件を売却するということは、良い意味でも悪い意味でも、「その投資が一旦は終了する」ということです。

良い意味としては、物件を売却することで、今まで抱えていた空室や修繕または災害の影響といったリスクから解放されることになります。一方、悪い意味としては、その物件を所有していることで得られていた資金運用や資産形成、保険効果や資産分散といった、さまざまな効果を放棄することになるのです。

所有している物件の売却を現実的に検討するときは、はっきりと意識するかどうかは別として、大半の方はこの「投資が終わることによるプラス面とマイナス面」を考えることになります。

そして、さらに売る価格ごとに「その物件に置いていることになっている現金がいくらになるのか（≒次の投資に充てられる現金がいくらになるのか）」や「その物件を買ってから売るまでにいくら儲かったことになるのか」といったことまではっきりできるのなら、そのすべてを天びんにかけて、たとえば「2,000万円以上だったら売るけど、それ以下なら売らないよ」というおおよその目安をもつことができるようになるのです（**図表2－1**）。

ただし、その最終的に行き着くところは、**投資家それぞれが持っている新たな投資の選択肢、投資家ごとに異なる資産背景や金融機関からの評価、リスクや安全性とリターンや効率とのバランスをどう考えるかの投資性向など**、さまざまな要素も絡んできます。したがって、投資家ごとに、またその売却を考えるタイミングごとに、「いくらならOKなのか」という基準は異なってくるでしょう。

いずれにしてもはっきりしているのは、「想定される売却価格ごとに、いくら手元にお金が残って、いくら儲かることになるのか」を事前に試算することは、売り出し開始の前に「自分のなかで売っていい価格」や「売りたくない価格」を検討するのに欠かせない材料を得るということです。

そして、このことは**「売り出し始めの価格」**や**「問い合わせが少ない場合の見直しの価格」**、または**「値引き交渉が入った場合の値下げの許容ライン」**などの**価格戦略を、自分自身で主導権をもって決められる**ことにもつながります。

図表 2-1　売るか売らないかの判断

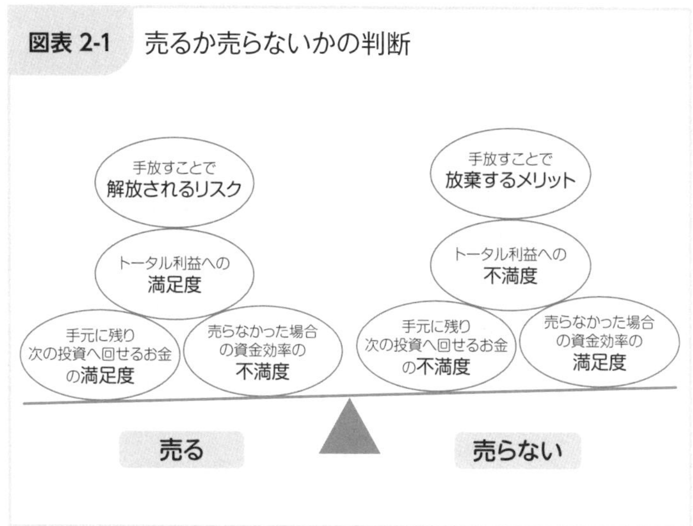

いざ物件を売る際に、投資家自らが売却活動の実務を行うのは現実的ではありませんし、それをやりたいという投資家もあまりいないでしょう。実際の売却では、信頼できそうな不動産業者を選んだうえで売却仲介の依頼をして購入希望者を募ってもらい、諸条件を取りまとめる商談から売買契約に必要な書類作成なども含めて、ほぼすべての実務を任せることになるでしょう。

それでも売り出しの価格や購入希望者との諸条件（価格交渉、引き渡しの時期、契約不適合責任の期間など）に対する意思決定の権利は、当然ながら売主である投資家がもっているわけです。

もちろん、そういった意思決定も、その都度、専門家である不動産業者の意見を聞いて行えばよいのですが、売主自身がある程度の考えや判断基準をもっているにこしたことはありません。

特に売り始めの価格や、値引き交渉が入った場合に「いくらまでだったらOKを出すのか」などは、あらかじめ売主が自らの基準をもっていないと、**不動産業者の言い回しや、その時々の成りゆきなどでなんとなく決めてしまい、後で後悔するような価格で成約してしまう**ことにもなりかねません。

この後解説しますが、その報酬額の決まり方のために、売却仲介を請け負う不動産業者には**「売り出し価格を下げたくなる欲求」**が生じやすい点には注意が必要です。

投資家自らがある程度でも「いくらで売れたら、いくら手元にお金が残っていくら儲かることになるのか」を試算し、成約を目指す価格の目安をもてているにこしたことはないのです。

2

売主にはありがたくない「仲介業者の報酬形態」

ご存じの方も多いかもしれませんが、実は**「売主」と「売却の仲介を請け負う不動産業者」の利害はぴったり一致しているとは言えません**。このことは不動産業者の報酬形態から確認することができます。

不動産業者が売主から報酬として受け取ることができる仲介手数料の上限額は、「成約価格×3％＋6万円＋消費税」です。2,000万円ぐらいのワンルームマンションだと70万円ほどになります。

価格の違いが売主と仲介業者に与えるインパクトの差

ここで注目していただきたいのは、成約価格が異なると、仲介業者の報酬にどのような影響があるかということです。

その上限報酬の計算式からわかるとおり、**大まかには成約価格の差に3％を掛けた金額が、業者が受け取ることができる報酬の差となります**。つまり、2,000万円で70万円の報酬を得られるとすると、1,900万円で成約した場合は67万円が報酬ということになり、その差は3万円にすぎません。
売主にとって100万円の成約金額の差は、当然ながら手残り現金の大きな違いになりますが、仲介業者が受け取る報酬の違いはそれほどでもないということです。

一方で、2,000万円と1,900万円では、物件の動きやすさ、つまり売れやすさはどのくらい違うのでしょうか。
価格100万円の違いは、得られる家賃のおおよそ1年分以上に相当しますので、購入する側から見ると投資用物件としてのインパクトにそれなりの差が出てきます。当然、**100万円の違いは物件の売れやすさにも一定の影響がある**ということです。
つまり、**仲介業者からすると、100万円安く売り出すことは、「成約になるスピードを早める一方で、得られる報酬としては3万円のみの違い」**ということになります。

こうなると、売主の唯一の味方として売却活動の実務を取り仕切ってくれる仲介業者には、常に「できるかぎり安い価格で売り出してほしい」という、売主にとってはあまり好ましくない欲求が湧き起こってしまう土壌があることになります。
売り出し価格100万円の違いは、仲介業者にとって70万円と67万円の違いにしかならないのです。それなら**時間をかけて70万円の報酬を追いかけるよりも、早く売主に100万円下げてもらって、効率よく67万円を売り上げたくなる**

欲求が出てきてしまうということです。

極端な言い方をしてしまえば、売主にとって大切なことは「なるべく早く、できるかぎり高く売れること」ですが、仲介業者にとっては「とにかく早く売れること」が、最大の関心事なのです（図表２－２）。

当然ながら、売り出した物件が実際に成約になるかどうか（売れるかどうか）は、売主の希望や仲介業者の意図とは無関係に**「市場の相場観」**や**「手を挙げてくれる１人以上の買主希望者が現れるかどうか」**という要素が関わってきますので、なにがなんでも売主として希望する売却価格にこだわることをおすすめしたいわけではありません。

ただ、売却活動のパートナーである仲介業者が完全に同じ方向を向いてくれているとは限らないことは、売主として常に頭に置いておく必要があります。

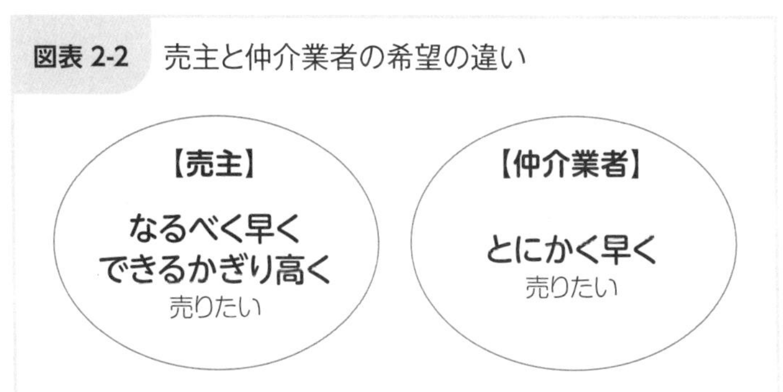

こういった報酬の形態から読み取れる裏事情は、投資家にとって耳ざわりのいい話ではありません。しかし、幸いにして価格についての決定権は売主にあります。

売主としてはその権利を有効に行使できるよう、**成約を目指す価格の目安**を自分自身でもつべきでしょう。

そして、その目安をもつためのスタートラインが〈手残りの現金の試算〉ということになります。

売り出すときにもっておきたい「売主としての価格目安」

実際に売却をする際には、次のように簡単な感じでいいので、ある程度の目安をもっているのが良いでしょう。

「A 物件を売り出すにあたって……2,000 万円以上だったら売りたいが、それ以下だったら売りたくない。

2,000 万円だったら、手元にお金が 400 万円残って、買ってから売るまでのトータルで 300 万円の利益確定になる。

A 物件を売るということは、気になっていたリスク（老朽化、空室、修繕費、震災など）からは解放されるが、得られていたメリット（実収益、資産形成、保険効果、所有感、資産分散効果など）を放棄することになる。

一方で、手元に 400 万円残るということは、この物件に 400 万円投資していることになるから、資金効率を考えると、およそ○○％の運用をしていることになる、この○○％という数字は私にとって充分なものだろうか……。

売却をすると、この○○%の投資は終わるが、400万円が手元に残るなら、気になっていて買えていない株式の個別銘柄に回せるが、その場合どのぐらいの運用が見込めるかな……。

それとも、今の自分なら新たな物件を買い替える自己資金が200万円もあればいけそうだから、200万円は新たに1戸購入する資金に充てて、残りの200万円は突発的なリスクに備えるために現金や換金性の高い投資信託などで運用しておくやり方もありかな……。

もしくは良い物件が見つかるようなら、融資の条件によっては2戸購入するもありか……。ただ、この場合は400万の資金効率はかなり上がりそうだが、資産規模を膨らませる分、リスクは高くなるから慎重に考えるべきだな……。

いずれにしても手元に400万円残るなら、選択肢は広がるだろう……。

この物件を買ってから売るまでのトータルの利益水準から見ても、投資期間が○年で300万円の利益を確定できるなら、その結果にも納得できるかな……。

諸々考えると、売るのだったら2,000万円以上が希望かな……」

繰り返しますが、最終的に手元に残る現金やトータルの利益確定額がいくらになるのをよしとするかに明確なラインはありません。

その物件に対して所有者自身が考えるリスクの度合いや得

られるであろうリターンやメリット、年齢や年収などの個人的背景や投資嗜好、そのほかにどういった投資の選択肢をもっているかなどによって、異なってくるはずです。

大切なことは、売主自らがある程度なんとなくでも、なにかしらの根拠をもって、売りたい価格とそうでない価格の目安をもつことにあります。

3 売主の希望とは無関係な「市場相場観のとらえ方」

先ほども少し触れましたが、実際に売るときには、売主の希望とは無関係の**「その投資物件はどのくらいの価格で売れそうなのか」**という〈市場の相場観〉を考慮する必要があります。

あらためて言うまでもないかもしれませんが、売主として「3,000万円で売りたい」という希望があったとしても、似たような立地や築年数の物件が2,000万円ぐらいで売買されている相場観なら、よほどの特殊事情がないかぎり、3,000万円での売り出しは時間の無駄となりそうです。

相場の目安は手取り家賃収入と期待利回りで逆算する

市場の相場観を考えるにあたって、**〈投資用物件〉は人に貸して収益を得ることが目的となりますので、得られている手取り家賃収入を投資家が期待する利回りで割り戻す**ことで、相場目安を確認するのが一般的です。

得られている手取り家賃収入÷投資家の期待利回り
≒市場の売却想定価格

この分子部分の〈得られている手取り家賃収入〉は、通常は〈家賃〉から管理費や修繕積立金などCF上に見える経費のみを差し引いたシンプルなものが用いられます。

また、〈家賃〉とは、実際に入居者が支払ってくれている家賃を使いますが、実際の家賃が相場と大きく乖離しているときは、周辺家賃相場に引き直して試算することになります。

分母部分の〈投資家の期待利回り〉とは、投資家が物件を購入するにあたり、「このぐらいの利回りは欲しいよね」という〈希望する利回り〉と読み直してもよいと思います。

個別物件に対しての期待利回りは、その時々で不動産投資全般に求められるものを基準として、大まかには「地方なのか都心部なのかといったエリア」や「木造なのか鉄筋コンクリートなのかといった構造」によって違いが出てくるものです。また、細かく見れば、同じ東京ワンルームマンションでも、立地や築年数、管理状態などによっても異なってきます。

たとえば、同じ100万円の手取り家賃が取れていたとしても、「あまり聞いたことのない駅の徒歩10分で築30年の物件だったら利回り5%は欲しいけれど（5%以上を希望するけれど）、JR中央線中野駅の徒歩5分で築20年だったら利回り4%あれば充分かな（4%以上を希望する）」といった感じです。

同じ100万円の手取り家賃を取れていても、前者なら利回り5%となる価格でなければ買いたくないが、中野なら利回り4%になる価格でも買いたいよということです。

ちなみに、前者の市場想定売却価格は「100万円÷5%≒2,000万円」、後者だと「100万円÷4%≒2,500万円」ということになります。

想定する期待利回りによって、想定価格が大きく変わってくることがわかると思います。

大まかな期待利回りの参考情報が確認できるところでは、ワンルームは1棟もの築5年未満のみを対象にしたものですが、一般財団法人日本不動産研究所が半年ごとに投資家へ調査を行った内容を公表しています（https://www.reinet.or.jp/）。

〈東京ワンルームマンション〉の期待利回りは、ここ数年大まかには4～5%ぐらいとなり、全体的にはその時々の市況や金利情勢、また投資家心理によって変化するものですが、個別物件としてはその立地や築年数などで、どのくらいの期待利回りで割り戻して考えるのかは、その都度精査する必要があります。

実際に売り出す際には、想定される期待利回りやそこから逆算される市場の相場価格について、仲介業者からの意見を参考に試算するのが現実的なやり方になると思います。

とはいえ、この場合も、報酬形態に起因する仲介業者の裏事情があることを念頭に、webなどを活用してある程度は売主自らが情報収集することをおすすめします。

4 手残り現金の試算からつくる「3段構えの売却戦略」

前項で解説した、**期待利回りと手取り家賃収入から逆算できる〈おおよその市場の相場観〉**と、**手残り現金の試算から見えてくる〈自分のなかでの売っていい価格、売りたくない価格〉**とを見比べることで、そもそも希望している価格で売ることが現実的なのかどうかが確認でき、さらに実際に売り出す場合には、納得のいくかたちで売り切るための戦略を立てることもできます。

3段階の価格戦略

たとえば、先ほどの事例のように「売るのなら2,000万円以上で」という希望があったとして、市場の相場観が1,500万～1,700万円ぐらいと予想されるようなら、残念ながら、そもそも売り出しを考え直すのが現実的な選択となるでしょう。

一方で、「2,000万円以上なら売ってもいい」という希望で、市場の相場観が1,900万～2,100万円なら、希望と合う価格で成約できる可能性が高くなるので、売り出しが現実的になってきます。

このケースで実際に売り出すことを決めた場合、納得のいくかたちで売り切るための戦略は、次のようになると思います。

「最初は相場より少し高めに売り出し（たとえば2,200万円）、一定期間売り出してみて動かないようなら少しずつ価格を下げてみる（たとえば2週間ごとに50万円ずつ価格を見直す）。ただし、値引き交渉も含めて2,000万円を下回る価格には絶対にしない」（図表2－3）

こういった戦略をとることが、**相場より高い価格での成約を目指しながら、それが叶わないなら現実的なレベルでの成約を狙いながらも、後で後悔するような売り方をしない**ために最適です。

売り出しの価格については、このように3段構えで考えることがおすすめです。

もう少しこの3段階を細かくみておきます。

【第1段階】相場より少し高めの売り出し価格を設定する

よく言われることですが、不動産は同じものが2つとなく、

図表 2-3　3段階の価格戦略の事例

【自分の希望：できれば 2,000 万円以上で売りたい】
【想定の市場の相場観：1,900 万円～2,100 万円】

○当初売出価格	2,200万円
○1カ月後の見直し価格	2,150万円
○その後の2週間ごとの見直し価格幅	50万円
○売り出し下限価格（価格交渉幅50万円確保）	2,050万円

似たような物件があったとしても、立地、建物の特性、部屋の形状や位置など、1つひとつの物件はそれぞれ個別性をもっています。

また、購入を検討してくれる側の投資家も、投資に対してそれぞれの考え方や視点をもっています。

ある人は投資物件を初めて購入するため、数字よりも安定性を求めるかもしれません。また、あるベテラン投資家は入居者が退去した後のバリューアップの可能性まで見込んで、物件の価値を測るかもしれません。

たとえば、物件Aと物件Bは同じようなエリアにある同じくらいの築年数の物件で、投資家Hはどちらにも特別な魅力を感じないので数字のみで判断します。

一方で、投資家Iにとっては2つの物件のうち、物件Bだけはなにかしらの嗜好や注目している視点で、ほかの物件とは代えがたい魅力を感じて、数字以外の部分で購入を決めるかもしれません。

「売り出し始めは相場よりも少し高めに売り出す」ことをおすすめする理由は、こういったところにあります。

立地や築年数などでおおよその相場観があったとしても、その物件が売れるかどうかは、たった1人の購入希望者が手を挙げてくれるかどうかで決まります。売り出した物件に特別な魅力を感じてくれる購入希望者が存在している可能性を踏まえて、一定期間はチャレンジングな価格で様子を見るのです。

売り出しを開始すると、パートナーである仲介業者はレインズ（※）に売り出し情報を登録します。すると、全国約12万の不動産業者が、その情報を取得できることになります。その状態で一定期間が経てば、その物件情報は全国の不動産業者を通じて、あらゆる投資家へ届いているはずです。それでも具体的な問い合わせがほとんど入らないなど、売れる気配が感じられないようなら、価格を見直せばよいのです。

※レインズ

正式名称は「Real Estate Information Network System（不動産流通標準情報システム）」。この英名の頭文字を取って「REINS（レインズ）」と呼ばれます。

レインズは、国土交通大臣から指定を受けた不動産流通機構が運営するもので、売買や賃貸などの不動産情報を広く共有し、契約の相手方を迅速に見つけるためのシステムです。会員となっている不動産業者のみが見ることのできる、一般には非公開のデータベースです。

レインズは不動産業を営むには欠かせないもので、あらゆる不動産業者が会員となっているため、登録した売り出し情報は全国のほぼすべての不動産業者に公開されると言えます。大手不動産会社でも地元の小さな不動産会社でも、売り出し情報がレインズに掲載されて、その情報が広く行き渡るという点では差はありません。

【第2段階】少しずつ価格を下げていく

売り出しを開始して1カ月も経てば、「両手仲介狙いの囲い込み（※）」といった仲介業者の悪質な行為がなければ、売り出しの情報自体は市場に充分出回っているはずです。投資物件は利回りや価格といった数字がすべてではありませんが、数字で判断される要素が大きいことは間違いありません。売れる気配がないのなら、問い合わせの状況を確認しながら、価格を見直すことで数字を良くしていくのが良いでしょう（※「両手仲介狙いの囲い込み」については、「可能なかぎり高く売るために絶対知っておいてほしいこと」をテーマにした第4章で詳しく解説します）。

一部の不動産会社からは「売り始めは高めにスタートして、後から価格を下げていくと、なにかしらの不具合など特別な事情があるから売れ残っているのでは……と購入者側から勘ぐられ、かえって売れにくくなるので得策ではない」などと言われることもありますが、本当でしょうか。

1日の取引件数がエリア全体で数件といった地方の話ならわからなくもないですが、常時1,000件以上の売り出し情報のある東京ワンルームマンションの場合には当てはまらないと考えてよいでしょう。

よくも悪くも、あなたが売り出す物件も数多くある物件のなかの1つにすぎません。あなたが売り出した物件がいつから売り出されていて、売り始めの価格からいくら価格を下げたのかを把握している買主候補はほとんどいないでしょう。

まずは高値で売れるチャンスを遠慮なく追いかけたうえで、その後で価格を下げていく戦略をとりましょう。

【第3段階】「売ってもよい」と考える下限の価格が近づいてきたら、後はそのまま待つ

段階的に価格を下げていっても物件が売れず、進展しそうな問い合わせも入ってこないようなら、「それ以下では売りたくない」という価格、または価格交渉の幅を残したその一歩手前の価格で、一定期間待ってみましょう。

売れるかどうかは、1人の購入希望者が手を挙げるかどうかですが、その手を挙げてくれるタイミングはさまざまです。相続でまとまった現金が入り、今日から物件を探し始める方がいるかもしれません、顧客にすすめていた物件の仕入れが不測の事態で流れてしまい、代わりの物件を急いで探し始めた買い取り転売業者もいるかもしれません。

段階的に価格を下げていったなかで、ここまで売れる気配がないようなら、このまま時間をかけたとしても売れる可能性が高いとは言えませんが、一定期間はそのまま様子を見てみましょう。

その上で、それでも動かないようなら、売り出しを一旦やめることも検討しましょう。

ここでなんとしても避けなければいけないことは、売れていないからといって、いつの間にか売ることだけを目的にしてしまい、ズルズルと価格を下げていってしまうことです。こういった売り方をしてしまうと、後で後悔する可能性が高くなってしまいますので、くれぐれも注意してください。

実際に売り出してみて希望する価格帯で動かなかったということは、〈売りたい価格〉と〈市場での相場観〉にズレがあるということです。その現実を受け入れたうえで、売り出しをやめるのか、売り出しの価格戦略を見直すのかを再度検討することが必要です。

当初の希望ラインで売れなかった場合に、市場の現実を踏まえて、再度そのラインより下に価格を下げていくことはおかしなことではありませんが、その際にもあらためて投資が終了するプラスとマイナス面、手残り現金やトータル利益、新たな投資の可能性などを幅広く考慮したうえで判断することが大切です。

どういうかたちであれ、自分なりの根拠をもって、「売り切った」または「売ることをやめた」と後々振り返れることが、自分自身で納得のできる投資活動のために大切だと思います。

 3段階の価格戦略が〈納得できる売却〉を実現させる

以上のように、売り出し価格について3段階で考えた戦略をとることが、**相場より高い価格での売却を目指しながら、それが叶わないなら現実的なレベルでの成約を狙いながらも、後で後悔するような売り方だけはしない**ためには最適です。

そして、こういった売り出し価格の戦略を立てるために、手残り現金の試算は必要不可欠なものとなります。

私自身も自分の物件を売却する際は、試算をしたうえで価格戦略を立てるようにしています。

この計算自体は、一度おおよその流れを確認してしまえば、難しいものではありません。

第3章で具体的な計算方法を解説しますので、ぜひみなさまも大まかな計算は、ご自分でできるようにしていただければと思います。

5 なぜ自ら試算する必要があるのか？

手残り現金の計算自体は複雑なものではありません。売ろうとしている価格から残っているローンや支払わなければならない手数料などを、順番に差し引いていくだけです。

ただ、計算する際に１つだけ注意を必要とするのが税金です。売却時の利益計算に〈減価償却〉の概念が入ってくるので、事前に理解しておかないと、少しだけ難しく感じるかもしれません。

業者が税金の話をしたがらない2つの理由

売却仲介の現場で、こういった税金の話が当たり前に行われているのなら、本書で取り上げる必要はなく、そもそも投資家自らが試算できるようになる必要もありません。しかし、残念ながら現在の仲介現場では、税金の説明が充分に行われているとは言えない状況です。

もちろん、具体的な税務相談ということになれば、税理士法により資格をもった税理士以外が行うことはできません。それでも一般的な内容の範囲内でのみ説明したり、所得税法の該当箇所を案内するなど、税金についての概要や計算方法を伝えることはその気になればいくらでもできるものです。

それにもかかわらず、現在の仲介現場で税金の説明があまり行われていないのは、大きく次の２つの理由があるためと考えられます。

（その１）投資用物件の売却と違い、自宅用物件の売却では税金がかかることがほとんどないので、そもそも一部の営業マンは税金のことを理解できていない

これは比較的大手と呼ばれるような不動産仲介業者の、とくに若手の営業マンに当てはまることが多い話かもしれません。

投資用物件を専門で扱っていないかぎり、一般的な不動産仲介業者がメインで取り扱う物件は、自宅用物件（自己居住用物件）となります。

その理由は、投資用物件と比べると「自己居住用物件の絶対数が多いから」ということもありますが、東京23区内であっても１戸あたり1,000万～2,000万円程度のワンルームマンションよりも、4,000万円や5,000万円以上の価格帯のファミリータイプ物件を仲介したほうが、その報酬形態が「成約価格×3%」であることから考えると、効率よく売り上げを上げることができます。

とくに、支店間の競争や与えられている目標が厳しい大手仲介業者の営業マンは、価格帯の大きな物件を数多くこなす必要に迫られています。

そのため、会社や支店単位としては投資用か居住用かを問わず、手当たり次第に、所有者に向けて売却仲介依頼のダイレクトメール送付を行っていても、営業マン１人ひとりは投資用物件の売買にそこまで力を注いでいません。

そして、自己居住用物件の譲渡所得税については、ほとんどの場合、その譲渡益に対して3,000万円の特別控除が適用されるなど、よほど値上がりをして売却するようなケースでないかぎり、税金の計算のことを考える必要がありません。

こういったことから、仕方のないことかもしれませんが、業務経験の浅い一部の若手営業マンは、投資用物件を売却した際の税金計算について理解していないのです。

(その2)「税金がかかる」というネガティブな話は、売主側の売却意欲をしぼませせる可能性があるので、一部の不動産業者はできるかぎりこの話題に触れないようにする

売却になにかしらの興味をもっている見込み客に、**売り出しを考え直させる可能性のある税金の話にフォーカスしてほしくない**という思いを、一部の、特に数字を上げることに熱心すぎる仲介業者はもっています。

仲介業者の売り上げは、見込み客が売り出してくれて成約になることで、初めて発生するためです。

とくに減価償却費まで含めた話となると、実際に得られる利益からイメージする以上の税金を支払う内容のため、積極的に説明をしてくれる仲介業者はさらに少なくなります。

こういった説明に及び腰な仲介業者が税金について触れる場合は、「成約になった価格そのものに税金がかかるわけではなく、あくまでも利益が出た金額に対して税金がかかるだけですよ」といった感じで、ウソを言っているわけではないのですが、あたかも税金の影響が小さく聞こえるかのような説明にとどめることが多いように見受けられます。

私の自宅にもよく送られてきますが、物件所有者宛ての売却仲介依頼のダイレクトメールなどにも、税金についてこのような上辺だけの説明が載っていることもあります。これも売却依頼主が先々税金の話題にフォーカスしないための布石なのでしょう。

このように、残念ながら、売却活動のパートナーである仲介業者が「売主側から働きかけられることなく、税金についての説明を充分に行ってくれている」とは言えない状況にあります。

その一方で、実際に売却を行って譲渡益が出た場合にどうなるかというと、翌年の確定申告の義務は当然ながら売主に生じます。

国税庁のホームページなどを見れば、不動産を売却した際の譲渡所得税の計算方法なども載っていますので、仲介を請け負った際に税金の説明をしなかったからといって、専門家としては不十分かもしれませんが、仲介業者に重大な法的責任があるとまでは言えません。

そして、売却するときに「表面的に利益が上がっていないように見えるので税金を支払う必要がない」と誤解していたとしても、減価償却も含めての計算結果によっては、翌年の確定申告で納税する義務を免れることはありません。

あくまでもその責任は、当事者である売主本人にあるわけです。

もちろん、大手中小を問わず、「不動産のプロ」として確かな知識をもち、顧客の立場に立ったうえで、前もって丁寧な説明をしてくれる担当者もたくさんいると思います。

ただ、そもそも税金についての理解が足りていない営業マンや、売上優先で説明したがらない業者が存在している事実も踏まえ、おおよそでも大丈夫なので、売主が自分で計算できることが大切だと思います。

税金についてある程度の知識をもっておけば、目の前の営業マンや不動産業者が、どのくらい専門的な知識に精通していて顧客を思いやってくれているのか見定めることもできるかもしれません。

売却を終えた後の確定申告のタイミングで後悔しないために、そしてなによりも主導権をもった売却活動を実践するために、税金の試算を含めた手残り現金は、投資家自らが計算できるにこしたことはないのです。

それでは続く第３章で具体的な計算方法を確認していきましょう。

第3章

〈納得できる売却〉に必要な手残り現金の試算（実践編）

複雑なのは譲渡所得税だけ、一度理解してしまえば簡単

第３章では、「いくらで売れたら、いくらの現金が手元に残るか」について、実際の計算方法を解説します。

これまでもお伝えしているとおり、手残り現金の計算自体は複雑なものではありません。注意を必要とするのが税金で、売却時の利益計算に〈減価償却〉の概念が入ってくることがポイントです。

売却時にかかる税金は〈利益が出た金額に一定の税率をかけたもの〉であることは、多くの方がご存じでしょう。

ただ、あまり知られていないのが、その利益を計算する際に〈減価償却額〉を加味しないといけないことです。

たとえば、2,000 万円で買った物件を、何年か後に同じ 2,000 万円で売ったとすると、純粋な売却だけでの利益は出ておらず、税金を考えないで良さそうにも見えます。しかし、実際には〈減価償却〉を加味する必要があり、このケースでも相応の税金を支払う可能性が高いと言えます。

1 少しだけ注意が必要！ 譲渡所得税の計算

はじめに譲渡所得税の計算の確認をしていきましょう。

譲渡所得税の計算方法

そもそも売却して税金がかかるのかどうかは、次の計算の結果がプラスとなった場合のみとなります（図表3－1）。

譲渡価額（＝売却価格）－取得費（≒購入価格）－譲渡費用（＝仲介手数料＋印紙代等）

先ほどの、2,000万円で買った物件を2,000万円で売るケースで、そのまま数字を入れてみると、

譲渡価額（売却価格2,000万円）－取得費（購入価格2,000万円）－譲渡費用（仲介手数料73万円＋印紙代1万円）＝▲74万円

計算の結果はマイナスとなりますので、税金がかからない

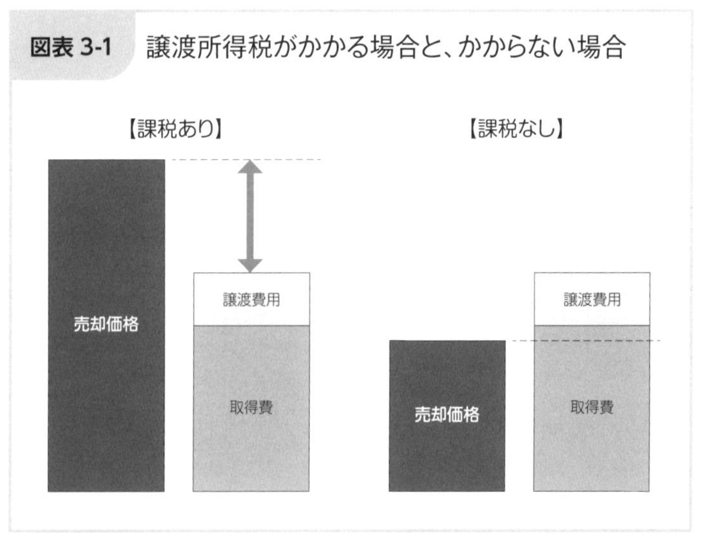

図表 3-1　譲渡所得税がかかる場合と、かからない場合

ように思えます。しかし、「この計算式には〈減価償却費〉が加味されていないので、正しくない」というのが、繰り返しお伝えしている点となります。

正しくは**「建物の取得費は、建物の購入代金などの合計額から所有期間中の減価償却費相当額を差し引く必要があります**（国税庁ホームページより抜粋）」ということです。

つまり、売ったときの利益を計算するのに使う物件の取得価格は、買った価格から減価償却費を引いたものになるのです（**図表3－2**）。

この事例の場合で、仮に所有期間累計で400万円の減価償

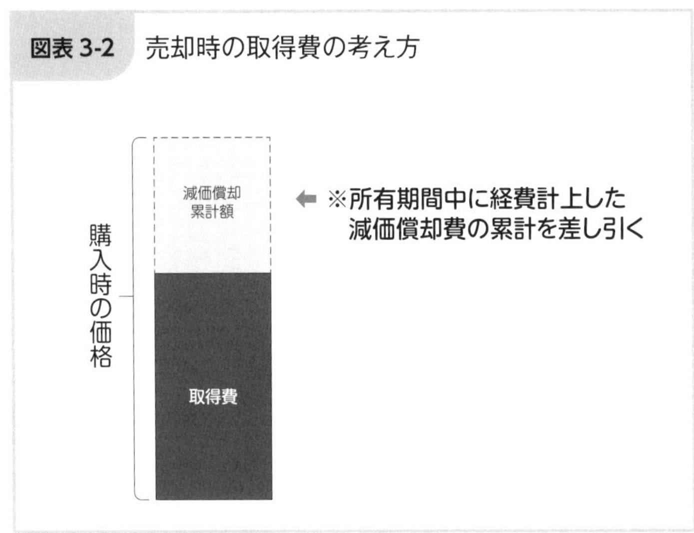

却費を計上していると仮定すると、下記のようになります。

譲渡価額（売却価格 2,000 万円）－取得費（購入価格 2,000 万円－償却費 400 万円）－譲渡費用（仲介手数料 73 万円＋印紙代 1 万円）
＝＋ 326 万円

この 326 万円が譲渡所得、つまり物件を売却することで生じた利益部分と見なされますので、ここに税率をかけたものが支払うべき税金となります。

たとえば、このケースで所有期間が 5 年を超えていたとすると、税率は 20.315%となりますので「326 万円× 20.315%」

で約 67 万円の税金を支払うことになります。

なお、取得費について補足をすると、国税庁ホームページで譲渡所得について説明しているページには「物件購入時の登記費用や不動産取得税などは取得費に加えられる」との記載がありますが、注釈として「ただし、事業所得などの必要経費に算入されたものは含まれません」ともあります。

この意味するところは「買ったときに負担した登記費用などの経費も物件価格とともに取得費にすることができ、譲渡所得を下げることに寄与するものだが、すでにこういった費用を経費として計上済みの場合は、取得費には加えられない」ということです。そして、ほとんどの投資家は、こういった費用を賃貸経営中に一括経費として計上することを選択していると思います。

登記費用など買ったときの費用を売却時の取得費に加算できるのは、基本的には自己居住用のケースのみであると理解してください。

また、売却時に負担することになる〈金融機関支払い手数料〉と〈抵当権抹消費用〉は、税金算出の際の〈譲渡費用〉に含まれません。

〈譲渡費用〉を文字どおりに見ると、「譲渡（売却）に要した費用」と読めます。そして、物件を売却して購入者へ引き渡すにあたって、現実的には借りているローンを（売却代金から充当するなどして）全額返済し、抵当権を抹消する必要があります。

そのため、ローン一括返済に伴う〈金融機関支払い手数料〉と〈抵当権抹消費用〉は〈譲渡費用〉に含まれると考えられがちですが、「直接的に売却活動に必要な費用とは見なされない」との解釈のため、〈譲渡費用〉に含まれないものとなります。

このように細かな注意点もありますが、**重要なポイントは売却時の税金計算をする際の「いくらで手に入れたか？」は〈実際に買った価格〉から〈所有している間に経費として計上した減価償却費の合計額〉を差し引いて計算する**ということです。

所有している間は、経費計上することでいわゆる節税効果の原資として歓迎される減価償却費ですが、売却する際には逆に納税の圧力になるということも知っておきましょう。

所有物件の償却済減価償却費の確認方法

所有している間の累計で減価償却費をどのくらい出しているかは、確定申告時に作成している〈不動産所得用収支内訳書〉で簡単に確認することができます（図表３－３）。

収支内訳書の〈減価償却費の計算〉の箇所に「イ．取得価額」と「ヌ．未償却残高」の欄があります。

図表 3-3　所有している間の累計減価償却額の確認方法

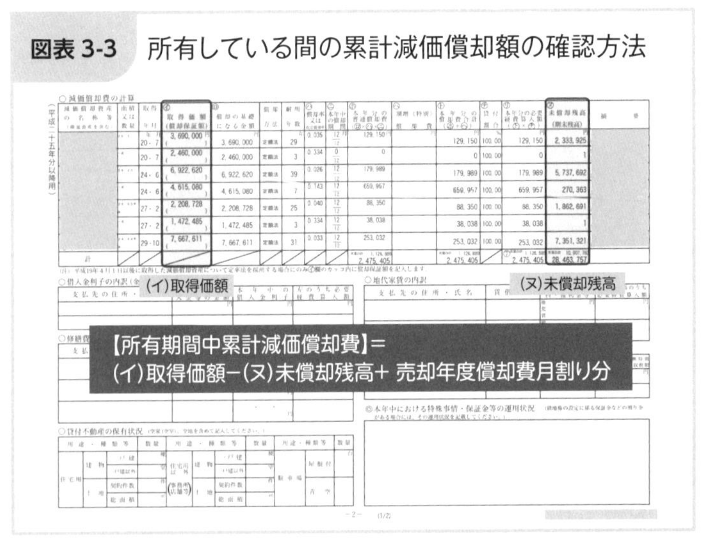

○減価償却費の計算（平成二十五年分以降用）

減価償却資産の名称等	面積又は数量	取得年月	㋑取得価額（償却保証額）	㋺償却の基礎になる金額	償却方法	耐用年数	㋩償却率又は改定償却率	㋥本年中の償却期間	㋭本年分の普通償却費（㋺×㋩×㋥）	㋬割増（特別）償却費	㋣本年分の償却費合計（㋭+㋬）	㋠貸付割合	㋷本年分の必要経費算入額（㋣×㋠）	㋦未償却残高（期末残高）	摘要
		20・7	3,690,000	3,690,000	定額法	29	0.035	12/12	129,150		129,150	100.00	129,150	2,333,925	
		20・7	2,460,000	2,460,000	定額法	3	0.334	0/12	0		0	100.00	0	1	
		24・6	6,922,620	6,922,620	定額法	39	0.026	12/12	179,989		179,989	100.00	179,989	5,737,692	
		24・6	4,615,080	4,615,080	定額法	7	0.143	12/12	659,957		659,957	100.00	659,957	270,363	
		27・2	2,208,728	2,208,728	定額法	25	0.040	12/12	88,350		88,350	100.00	88,350	1,862,691	
		27・2	1,472,485	1,472,485	定額法	3	0.334	12/12	38,038		38,038	100.00	38,038	1	
		29・10	7,667,611	7,667,611	定額法	31	0.033	12/12	253,032		253,032	100.00	253,032	7,351,321	
計									2,475,405		2,475,405		2,475,405	28,463,757	

（注）平成19年4月1日以後に取得した減価償却資産について定率法を採用する場合にのみ㋑欄のカッコ内に償却保証額を記入します。

○借入金利子の内訳

○地代家賃の内訳

○修繕費

◎本年中における特殊事情・保証金等の運用状況

○貸付不動産の保有状況

これはつまり、「イ．経費計上を始める前の元々の償却対象額」と「ヌ．申告を終えた時点で残っている減価償却額」のことですので、手元に保管している一番新しい収支内訳書上の「イ」から「ヌ」を差し引きした分が、**所有し始めてから売却する前年末までに**償却した累計の減価償却費となります（白色申告でも青色申告でも見る箇所は同じです）。

あとは、売却する年の何月に売却引き渡しをするかによって、月割りの減価償却費を加算すれば、所有し始めてから売却するまでの減価償却累計額を計算することができます。

2

役に立つ！譲渡所得税で押さえておきたいポイント

譲渡所得税の計算の大きな留意点は〈減価償却〉になりますが、それ以外にも何点かポイントを解説しておきます。

手残り現金の試算、または実際に売却をする際の参考情報として活用してください。

所有から売却までの期間によって税率が異なる

譲渡所得税、つまり譲渡所得に対してかかる税金の税率は**「所有してから売却するまでの期間が５年を超えるかどうか」によって大きく変わります。**

2023年２月現在、所得税と住民税に復興所得税も含めて税率は以下のとおりとなります。

- 短期譲渡（所有５年以内の売却）　39.63％
- 長期譲渡（所有５年超の売却）　20.315％

この税率が譲渡所得にかけられることで、支払う税金が決まります。

たとえば、譲渡所得が300万円だとすると、短期譲渡なら「300万円×39.63%≒118.8万円」、長期譲渡なら「300万円×20.315%≒60.9万円」と、かなりの違いになってきます。

なお、この所有期間のカウント方法は、所有してから丸5年経過すればよいわけではなく、**売却した年の1月1日時点で5年を超えている必要があります。**

たとえば、2020年3月1日に所有した物件を丸5年経過した2025年3月1日に売却したとしても、売却した年である2025年の1月1日時点では丸5年経過していないので、短期譲渡と見なされてしまいます。

このケースだと、2026年1月1日以降に売却して初めて長期譲渡所得に仕分けされることになります。

「物件を買ってからお正月を6回迎えると長期譲渡所得になる」と覚えておきましょう。

売却した物件を「いつ買ったのか」の例外規定

このように「いつ買ったのか」「いつ売ったのか」は譲渡所得税率が決まる大切な要素となります。

そして、この「買った」「売った」が、「いつ」なのかを判別する日づけは、個人の所得税法上は原則どちらも〈引き渡しの日〉を基準としますが、**例外として「〈契約日等の効力発生の日〉でもかまわない」**という決まりになっています（所得税基本通達36-12）。

なにを言っているかというと、マンションを買ったときのことを思い出していただきたいのですが、売買契約を結んだ日と、引き渡しを受けた日は別々の日だったと思います。

たとえば、8月20日に売買契約を結んでマンションを購入したとすると、おそらくその後にローンの手続きや審査などを経て、おおよそ1カ月後ぐらいの9月30日頃に物件の引き渡しを受けるというのが一般的でしょう。

この場合のごく当たり前の認識としては、引き渡し日の9月30日がマンションを所有した日ということで、不動産所得用収支内訳書などの記載も9月30日が基準日となると思います。これが所得税法の基準ということです。

そして、例外はなにかというと、**物件を売却した場合に、その物件をいつ購入したのかという判別をする際は、原則どおり前述のように〈引き渡し日〉でカウントしてもかまわないし、例外として〈売買契約日〉でカウントしてもかまわない**ということです（※新築マンションなどで売買契約日に未完成だったものはこの例外を使うことはできず、原則どおり引き渡し日でカウントします）。

どちらでカウントしたとしても、長くても数カ月の違いであまり大きな影響はなさそうですが、まれに物件購入するときに注意が必要となることがありますので、ここで取り上げました。実際に私が体験したことです。

次のようなケースです。

以前より問い合わせをしていた不動産業者から、12月に物件の紹介を受け、色々と検討した結果気に入ったので、年末近くになったものの申し込むことにしました。

ここで、物件を購入する際の一般的な段取りをおさらいします。購入申し込みをすると、その後、売主側の不動産業者が売買契約書の作成などの事前準備を行い、数日後に売買契約の締結、そこからローンの手続きや審査に入り、1カ月ぐらい後に引き渡し、という感じになると思います。

要するに、年末ギリギリに物件を購入することを決めたとしても、物件の引き渡し、つまりマンション経営が実質的に始まるのは、どんなに急いだとしても年明け以降になります。

それなら、「年末のバタバタしているときに急いで売買契約をするよりも、年が明けて落ち着いてから売買契約を結ぼうかな」というのが普通の考え方だと思います。売買契約を年内中にあわてて済ませたとしても、どちらにしてもマンション経営が始まるのは物件の引き渡しが済んだ年明け以降になるわけですから。

ここでの注意点としては、それをしないほうが（契約を年明け以降に延ばさないほうが）良いですよという話です。

実際に物件を購入する段階では、その物件を将来売るか売らないかは決めていないかもしれませんが、年内中の12月31日までに契約まで済ませておくのと、年明け1月1日以降に契約を行うのでは、いざ売りたいと考えたときに、長期譲渡なのか短期譲渡なのかのラインが丸１年間も変わってきてしまうということになります。

繰り返しですが、**売却時の所有期間のカウントは、売却した年の１月１日時点で丸５年を超えているかどうかがポイントで、かつ、いつ買ったかのカウントは売買契約日を適用することができるからです。**

たとえば、2019年12月31日までに売買契約を結んでおけば、2025年１月１日からの売却が長期譲渡になりますが、2020年の１月１日以降に売買契約を結んだ場合は、2026年１月１日以降でないと長期譲渡にはなりません。

とてもレアなケースだと思いますが、年末近くになって購入することを決めたのなら、どんなに年末ギリギリでも、不動産業者のお尻を叩いてでも、できるかぎり売買契約は年内中に行うようにしましょう。

年末ギリギリになって購入を決めた物件を、年内中に引き渡しまで終えるのは物理的に困難ですが、売買契約までだったら済ませられる可能性は充分にあると思います。

将来売りたくなったとき、もしくは売り時だと判断したときに、この購入契約日の数日間の違いで、すぐに売り出しに入れるか、１年近く待たなければならないのかを左右する可能性もあるのです。

ただ、誤解のないように付け加えますが、この話は年末近くに気になる物件が出てきているのだったら、「とにかく急いで年内中に決断したほうがいいですよ」とおすすめしているわけではありません。

物件を購入するかどうかを判断する際には、自分なりに納得できる時間と手間をかけて結論を出すにこしたことはありません。

優良そうな物件ほど、他の希望者との競争があるはずなので、検討を急ぐ必要はあるかもしれませんが、その決断をする締め切りに、将来売るかどうかもわからない段階で、この長期譲渡ラインの理屈をもってくる必要まではないと思います。

あくまでも**自分なりに納得できる時間と手間をかけて結論を出したタイミングが、たまたま年末ギリギリになってしまったとしたら、「できるかぎり売買契約までしっかり年内中に済ませたほうがいいですよ」**ということです、この点をどうか誤解のないようにお願いいたします（投資は自己責任となりますので）。

 譲渡所得どうしのプラスとマイナスは相殺できる

一定の居住用財産以外の土地建物等の譲渡所得（投資用ワンルームマンションの売却益はこれです）は、分離課税となり損益通算の対象からも外れますので、給与所得など他の所得とは合算せずに税金の計算をします。

ただし、譲渡所得どうしは合算できる場合もありますので覚えておきましょう。

たとえば、同じ年の中で2戸の物件を売却した場合を考えてみます。

どちらの譲渡所得もマイナスの場合は当然に税金がかかりません。

また、どちらの譲渡所得もプラスの場合についても、特筆する内容はあまりありません。2戸とも長期譲渡あるいは短期譲渡だった場合は、合算して税率をかければいいですし、1戸が長期譲渡でもう1戸が短期譲渡の場合は、譲渡所得の段階での合算はせず、それぞれその所有期間に見合う税率を掛けて算出した税額を合計することで、トータルの納税額が決まります。

このどちらもプラスの場合は、イメージできるとおりの税金計算方法ではないでしょうか。

それでは**2戸売却した場合で、1戸が譲渡所得プラス、1戸が譲渡所得マイナスの場合はどうなるでしょう。**

このケースで、2戸とも長期譲渡あるいは短期譲渡だったとすると、このプラスとマイナスは相殺することができます。こういった税率が同じものどうしの間で損益通算ができることは、その妥当性も含めてイメージしやすいと思います。

特筆すべきは、どちらかが長期譲渡でもう一方が短期譲渡、

図表 3-4 同じ年に2戸の物件を売却したときの譲渡所得合算ルール

	2戸とも長期譲渡所得または短期譲渡所得だった場合	1戸が長期譲渡所得でもう1戸が短期譲渡所得だった場合
どちらの譲渡所得もプラスだった場合	合算OK	合算NG
片方の譲渡所得がプラスで、もう片方の譲渡所得がマイナスだった場合	合算OK	**※合算OK**

つまり税率が異なる譲渡所得どうしでも、このプラスとマイナスの相殺を適用できることです（図表３－４）。

マイナスの譲渡所得は、**税率が異なるプラスの譲渡所得をも打ち消すことができる**ので、ケースによっては売却による税負担の軽減に役立ってくれることがあるかもしれません。覚えておいて損のないルールです。

不動産賃貸経営をある程度本格的に進めていくと、スタート時は個人での不動産賃貸業であったとしても、規模を拡大させていくなかで法人設立に及ぶ方もいらっしゃるでしょう。

この個人から法人への移行の過程では、個人名義の物件を市場で売却して整理したり、自らの法人に名義を移すことなどを検討するかもしれません。

個人で持っている物件を法人名義に移すことが目的でも、所有権の移転が前提となるのなら、その行為は個人から法人への売却と見なされ、当然その損益も〈譲渡所得〉ということになります。

たとえば、個人名義で持っていた物件を市場で第三者へ売却してプラスの譲渡所得が発生したのと同じ年に、所有している別の個人名義の物件を自分の法人へ譲渡所得マイナスのかたちで売却することになったとすると、損益通算によりプラスの譲渡所得を減らすことができるでしょう。

その際に、**この譲渡所得マイナスで売却をする物件の「所有期間を気にしないでOK」**というルールは有用かもしれません。

ただし、こういったケースで、個人から自らの法人へ売却する価格をいくらに設定するかは、市場において適正とされる価格との乖離があると、〈租税回避行為〉として税務署からの指摘を受ける可能性があります。

そうならないためには、経済的に合理的な根拠が必要となります。たとえば、不動産鑑定士に鑑定評価書を作成してもらい、その評価に基づく価格での取引にするなど、相応の対応をとる必要があることも覚えておきましょう。

2009年から2010年に取得した土地に適用される1,000万円特別控除

この控除の対象は少し狭いのですが、うっかり見落としがちな特例ですので、ここで取り上げておきます。

この期間（2009年から2010年中）に購入した土地については、要件を満たせば1,000万円もの〈譲渡所得控除〉を受けることができます。

賃貸しているマンションの敷地権部分、つまりマンション経営をしているワンルームの土地価格部分にも適用できる特例です。

私自身が使ったことはないのですが、弊社に相談にこられた方からこの特例を適用できたという経験談を聞いたことがあります。

その方も当初は見落としていたようで、確定申告が済んでしばらくしてからこの特例に気がつかれたとのことでした。そのため、再度税務署へ足を運んで担当者に教わりながら修正の申告（更正の請求）をされたようですが、結果として数十万円も納税額が変わったと話されていました。

地方の物件と比較をすると、物件価格のうち土地の占める割合が高い東京ワンルームマンションの場合、ケースによってはかなりの威力をもつ特別控除です。2009年または2010年中にマンションを購入している方は、売却した際のボーナス控除があることを忘れないようにしましょう。

以上、譲渡所得税で押さえておきたいポイントを確認してきました。

本書に記した内容はあくまでも一般的な内容としての解説ですので、実際に売却を実施して確定申告をする際は、個別具体的な事案として間違いのないよう、最寄りの税務署や税理士に相談したうえで申告するようお願いいたします。

また、事前の試算の段階で一般的な内容について確認したい場合は、国税庁の無料電話相談がおすすめです。

税理士資格をもった担当者が名前を名乗ってくれたうえで、税金に関するあらゆる質問に答えてくれます（最寄りの税務署へ電話して自動音声が流れた後に１番を押すと無料電話相談センターへ転送されます）。

内容が込み入った質問の場合、先方が詳細を確認してくれてからの折り返しになるなど、回答をもらえるのに時間がかかることもありますが、間違いのない確認の方法だと思います。ぜひご活用ください。

3

とても簡単！手残り現金の試算方法

それでは税金を含めた、売却時の手残り現金の試算方法を見ていきましょう。

具体的な売却時の手残り現金の計算は、次のとおりとなります。また、これを図で示すと、図表３－５のようになります。

図表 3-5　手残り現金の計算

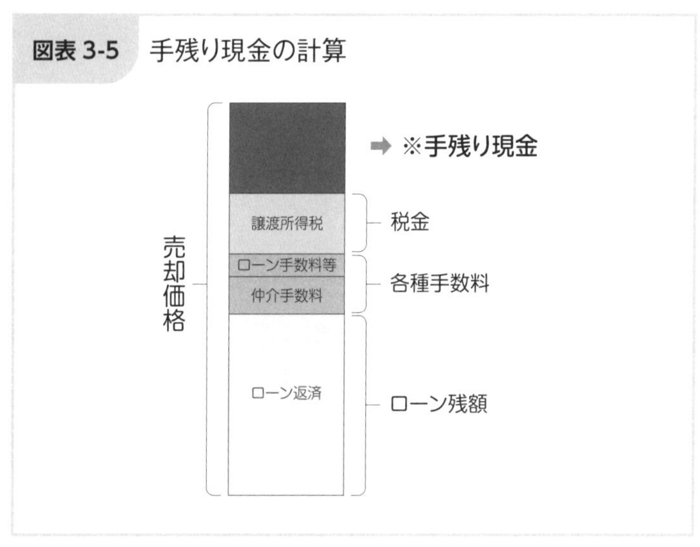

手残り現金＝売却価格－ローン残額－各種手数料－税金

売却価格

売却を想定する価格を指します。

ローン残額

想定の売却引き渡し日時点でのローン残額となります。

ローンを組んでいる金融機関の web マイページ内や、定期的に郵送されてくる〈返済予定表〉などで確認できます。

各種手数料

①〈仲介手数料〉、②〈金融機関支払い手数料〉、③〈印紙代および登記費用〉となります。

①〈仲介手数料〉

これまでも出てきていますが、売主が支払う仲介手数料の上限額は下記の式のとおりです。

成約価格× 3％＋ 6 万円＋消費税（2,000 万円の成約価格だと 72.6 万円）

成約価格が400万円未満の場合は計算式が異なりますが、東京ワンルームマンションではあまり関係のない価格帯なので説明は省略します。

なお、この計算で算出される仲介手数料は、売主が支払う上限額（仲介業者が売主から受け取れる上限額）を指していますので、売主と仲介業者双方の合意があれば、この金額より安くすることも可能です。

なかには「仲介手数料ゼロ円」をウリ文句にして集客を図る不動産仲介業者もありますが、仲介手数料の過剰な割引は〈両手仲介狙いの囲い込み〉につながることになります。

この場合、せっかく売り出した物件への、購入希望者の間口を大きく狭めてしまうことになり、その分安い価格でしか成約できなくなる可能性が高まります。

このことは〈可能なかぎり高く売るため〉をテーマとした第4章で、詳しく解説します。

②「金融機関支払い手数料」

購入時に借りたローンを売却に伴い一括で返済する際の、繰り上げ返済手数料を指します。金融機関によって手数料計算のルールが異なりますので、事前の確認が必要です。ただ、大抵は5万円以下の定額金や返済金の0.5%などと設定されていることが多く、売却収支へ大きな影響を与える金額とはならないでしょう。

③「印紙代および登記費用」

売買契約書等に貼付する印紙代と数万円ほどの抵当権抹消費用となり、こちらも売却収支への影響は大きくありません。試算時は概算で10万円ほど見ておけば問題はないと思います。

税金（譲渡所得税）

これまでの解説のとおり、取得費と譲渡費用の合計額よりも高い金額で売却して、譲渡所得（利益）が生じた場合に税金がかかります。この税金は分離課税として給与所得など他の所得とは分けて計算します。

なお、取得費とは会計処理上の簿価（帳簿価額）であり、購入価格から所有期間中の償却済減価償却費を差し引く必要があります。

以上が、売却金額から手残りの現金を計算するのに必要な項目の中身です。

たとえば、先ほどと同じようなシンプルな事例として、買ったときと売る価格が同じで所有期間10年とすると、次のような計算になります。

【購入時の内容】

購入価格：2,000万円（頭金50万円、ローン1,950万円、金利1.8%、30年ローン）

◎ 10 年後売却時の内容

売却価格　　　　　　：2,000 万円
ローン残額　　　　　：1,400 万円
累計減価償却費　　　：400 万円
仲介手数料　　　　　：73 万円
金融機関支払い手数料：10 万円
印紙代および登記費用：10 万円
税金（譲渡所得税）　：67 万円
（※譲渡所得税の計算方法の事例 P.111 から引用）

手残り現金＝売却価格－ローン残額－各種手数料－税金
＝2,000 万円－ 1,400 万円－（73 万円＋ 10 万円＋ 10 万円）－ 67 万円
＝440 万円

このケースでは、2,000 万円で購入した物件を、10 年後に同じ 2,000 万円で売却できた場合は、手元に 440 万円の現金が残る計算になります。

このように、今自分で持っている物件が仮に〇〇万円で売れたとしたら、手元にいくら現金が残るのかを大まかに試算することは、税金のところだけ少し注意すれば、それほど難しいことではありません。

また、この手残り現金の試算をベースにすると、購入時に

支払った頭金や登記費用、所有中のCFなどを銀行口座から確認して、引き算や足し算をすれば、**「購入から売却まででいくら利益を確定することになるのか」**という計算も簡単に行うことができます。

4 売り出す前につくろう！想定売却価格ごとの試算一覧表

ここまで「いくらで売れたら、いくらの現金が手元に残るか」について、実際の計算方法を解説してきました。

試算一覧表を作成してみる

実際に売却を検討する際には、おおよそでも図表３－６のような試算一覧表をエクセルなどで作成するのがおすすめです。

想定される売却価格ごとに、いくら手元にお金が残って、いくら儲かったことになるのかを確認することができる表です。

試算一覧表に載せる6つの情報

本章で解説した譲渡所得税や仲介手数料の計算式をエクセルに入力しておき、金融機関への支払い手数料など影響の小さな支出を概算で考えれば、売却価格ごとの〈手残り現金〉を計算するのに必要な情報は、次のたったの３つです。

図表 3-6 売却価格ごとの試算一覧

想定利回り		4.74%	4.62%	4.50%	4.39%	4.29%
①想定売却金額		1,900万円	1,950万円	2,000万円	2,050万円	2,100万円
	入力箇所↓					
②ローン残債	1,400	−1,400	−1,400	−1,400	−1,400	−1,400
③仲介手数料		−69	−71	−73	−74	−76
④その他手数料	20	−20	−20	−20	−20	−20
⑤譲渡所得税(長期)		−47	−57	−67	−76	−86
(購入価格)	2,000	2,000	2,000	2,000	2,000	2,000
(償却済減価償却費)	400	400	400	400	400	400
⑥手残り現金 (①−②−③−④−⑤)		364万円	402万円	440万円	480万円	518万円
⑦購入費	100	−100	−100	−100	−100	−100
⑧繰上返済額	50	−50	−50	−50	−50	−50
⑨保有期間CF累計	100	100	100	100	100	100
最終利益 (⑥−⑦−⑧+⑨)		314万円	352万円	390万円	430万円	468万円

たとえば2,000万円で売れた場合
手残り現金は440万円
トータル利益は390万円

① いくらで購入したのか？
② ローンがいくら残っているのか？
③ 所有期間中にいくら減価償却費を計上したのか？

さらに下記3つの情報を加えると、「所有してから売却するまでにトータルでいくら利益を得たことになるのか」も、売却価格ごとに試算することができます。

④ 購入時の自己資金
⑤ 所有中の繰り上げ返済金
⑥ 所有期間中のCF累積合計（月々収支、内装費、固都税等）

これら6つの情報だけで作成できる、売却価格ごとの試算一覧表を眺めていれば、手元に残る現金と最終的な利益から考えて、「いくらだったら売ってもいいかな」というのが、おぼろげながらでも見えてくると思います。

さらには市場の相場観などから想定できる売却価格帯のなかで、いろいろと数字を変化させてみることで、次のことをはっきりさせることともできるでしょう。

・そもそも売り出すのかどうか？
・売り出すとしたら、〈売り出し始めの価格〉〈動かなかったら見直す価格〉〈売り出しの下限価格〉をいくらに設定するのか？

そして、このプロセスを踏んだ売り方こそが、**相場より高い価格での売却を目指しながら、それが叶わないなら現実的なレベルでの成約を狙いながらも、後で後悔するような売り方をしない**、一言で言えば**「納得できる売却のために最適な手法」**だと考えられます。

私自身も個人で所有している物件を売却するときは、必ずこういった試算一覧表を作成し、価格戦略をもったうえで売り出しを始めます。

ぜひ、みなさまも、具体的に売却を考える際は、大まかにでも大丈夫ですので、本章を参考にこういった一覧表を作成し活用していただけたらと思います。

次の第４章では「納得できる売却」からもう一歩進めて、**不動産業界の裏事情を踏まえたうえで、実際の売却活動の現場で「可能なかぎり高く売るため」に、絶対知っておいていただきたいこと**を解説していきます。

コラム②

〈減価償却費〉の計上、投資家ごとに違いが出てくる理由は？

本文でたびたび登場してきた〈減価償却費〉が、売却を想定する際の手残り現金の試算に必要となることは、すでにご理解いただけたと思います。

ここで話題としたいのは、マンション経営を行っていくうえで、この〈減価償却費〉を経費計上するやり方は、投資家ごとに違いがあるのが実情ではないでしょうか、ということです。

〈減価償却費〉とは、建物が減価していくものを税法上で経費化していく仕組みです。

一般的なマンションを購入する場合、〈敷地権〉として土地の所有権もついてきますが、土地は償却しない資産ですので、購入した物件の建物部分のみがその〈減価償却〉の対象となります。

それでは、購入したマンションの価格のうち、（減価償却の対象となる）建物に相当する価格がいくらなのかというと、売買契約書に建物価格の記載がある場合はその金額となり、記載がない場合は固定資産評価額などを参考に、土地建物の比率から算出するのが一般的です。ここまではどの投資家（購入者）も同じような感じでしょう。

投資家ごとに違いが出やすいのは、この建物部分をさらに躯体部分と設備部分に分けるところの考え方です。

躯体部分とは床や壁などのいわゆる本体部分を指し、設備部分とは給排水や電気配線などに代表される設備機器になります。

躯体と設備では、その法定耐用年数の違いから減価償却する際の償却率が異なり、耐用年数の短い設備部分のほうが償却率は高く、経費計上できるスピードが速くなります。

たとえば、同じ100万円の償却資産でも、償却率0.1で償却すると10年間で毎年10万円が経費計上額になりますが、0.05で償却するなら20年で毎年5万円になるということです。

つまり、建物に占める設備部分の金額を多く設定するほど、所有し始めた当初数年〜10数年間の経費計上額が大きくなるのです。

仮に1,000万円が建物代のマンションで20%を設備に区分けすると、800万円を躯体として償却し、200万円を設備として短い期間で高い償却率で償却することになります。

長期的に考えれば、設備部分を分けなかったとしても、最終的に償却する合計額は変わらないのですが、数年〜10数年といった短い期間で見ると、その間に経費計上できる額が大きくなるのです。

そのため、「できるだけ設備の割合を多くしたい」というのが、大半の投資家の本音と言えるかもしれません。

マンション購入時の売買契約書には、躯体部分と設備部分の金額の区分けはなく、投資家自身がその割合を検討するのが一般的です。しかし、税務署の見解としては、設備部分の金額がいくらなのかがなにかしらの裏づけをもって確認できないかぎり、すべて躯体として償却するものとされています。

設備部分がいくらなのかをはっきりさせるといっても、新築で購入した物件ならまだしも、中古で購入しているとなかなか難しいところです。

前所有者や元々のディベロッパーに問い合わせをして分譲時の資料を取り寄せたり、実際に取りつけられている設備機器の流通価格を調べたりするなど、物件ごとに、またその所有者の割ける労力によって、その裏づけ資料の確保には差が出そうです。

このような事情から、マンション経営を行っていくうえでの〈減価償却費〉の計上の仕方は、投資家ごとに多少なりとも違いがあるのが実情と言えます。

ただ、いずれにしても、計上する〈減価償却費〉は所有している間のいわゆる節税効果に寄与するものかもしれませんが、売却をする際にははっきりと納税圧力になります。

所有している間の所得税と住民税の合算税率（非課税所得でない場合）は 15.105 ～ 55.945％（復興特別所得税を含む：2023 年 2 月時点）と、その個人ごとの所得水準によって違いがありますが、売却する際の譲渡所得に対する税率は 20.315％（長期譲渡の場合）で一律となります。

その方の所得水準や売却を想定するかどうかなどによって、不動産投資を実践するなかでの減価償却の影響は違ってきます。

私は 20 年近くマンション経営を続けていますが、その間の自分自身の所得税と住民税の合算税率を振り返って確認してみると、その年によっても異なりますが、おおむね 15 ～ 20％ぐらいです。

この意味するところは、おおよその試算としては、所有している間に計上した〈減価償却費〉に 15 ～ 20％を乗じたものが、所有している間の節税効果だったということです。

そして、その物件を売却する際には、今度はそのときまで経費計上した〈減価償却費〉の累計額に 20.315％の税率を乗じた分を納税することになったのです。

つまり、私が実際に売却を済ませた物件については、所有している間に〈減価償却費〉を計上した分は、売却したことによって納めることになった税金を加味すると、よくてトントン、所得の合算税率約 15％の年に経費計上した分は、その差額分は納税額が増えてしまったことになります。

一般的には節税に寄与すると考えられている〈減価償却費〉

ですが、私のケースのように、購入から売却までを追いかけてみると、実はトータルでは〈減価償却費〉が納税に寄与していたということも珍しくないかもしれません。

さらに言うと、このような場合、仮に私がこのマンションを購入したときに苦労してあちこち手を尽くして、なんとか設備部分の価格の根拠となる裏づけを用意することができ、建物価格のうちの一定割合を設備部分として、高い償却率で短い期間に多くの〈減価償却費〉を計上していたとすると、無理してそんなことをしないで、すべて躯体として償却しておけばよかったね（あくまでも仮の話ですよ……笑)、ということになるのでしょう。

第4章

〈高く売る〉ために知っておくべき不動産業界の裏事情

〈囲い込み〉という悪しき慣習を踏まえて、
損させられない戦略を立てる

第１章では「売却を検討することの意味」を、第２章と第３章で「手残り現金の試算方法」を確認してきました。ここまでは言うなれば「実際に売り出す前の準備段階」の話でした。別の表現をすると、自分の頭のなかで検討する内容です。

そして、この第４章ではいよいよ、**実際に外の市場で物件を売り出すにあたって、可能なかぎり高く売るために知っておいていただきたい**ことについて解説をします。

「どうせ売るのだったら、できるかぎり高く売りたい」

これは当たり前の希望だと思います。

第２章で紹介した「はじめは相場より高く売り出して様子を見る」のも、とてもシンプルですが、そのための１つの手法と言えます。

ただ、実はこの不動産業界には、**「高く売りたい」という投資家（所有者）の希望を裏切る悪しき慣習があります。**

本章で具体的に取り上げるテーマは、〈両手仲介〉と〈囲い込み〉です。不動産業界の問題点として長く指摘され続けていることでもあり、「すでに聞いたことがある」という方も少なくないかもしれません。

このテーマは、実際に持っている物件を、不動産業者を通じて売り出す際、**高く売れるどうかに直接的に関わってくる問題**です。その内容と対策について、東京ワンルームマンションの売却に沿うかたちで、しっかり解説したいと思います。

1 不動産業界の悪しき慣習「両手仲介を狙った囲い込み」

第２章で、「売主と売却活動のパートナーである仲介業者の利益は､実は相反している面がある」という話をしました。

これは仲介業者が得られる報酬が成約金額の3％であることから、数百万円の成約価格差があったとしても、仲介業者の報酬に与える影響は小さく、早く成約になるように「なるべく安い価格で売り出してほしい」という欲求が働いてしまうところに要因がありました。

そして、仲介業者が売却のサポートをするにあたって、実はもう１つ、必ずしも売主の利益に沿っているとは言えないキーワードがあります。

それが「両手仲介」です。

仲介業者にとって魅力的な「両手仲介」

これまで説明したとおり、仲介業者は不動産売買の仲介をすることで〈手数料〉という収入を得ています。

第２章では、売主が仲介業者に支払う〈仲介手数料〉を確認しましたが、実際の仲介取引では、物件を購入する買主側も、その購入の手伝いをしてくれた不動産業者に仲介手数料を支払うことになります。

そして、その売主と買主それぞれの負担する仲介手数料の上限額が、どちらも「成約価格×3%+6万円」ということになります。

つまり、一般的な仲介での不動産売買取引では、2つの仲介手数料が発生していることになります。

たとえば、2,000万円で成約した取引の場合には、売主は売主側の業者へ72.6万円(2,000万円×3%+6万円+消費税)の仲介手数料を支払いますが、それとは別に買主も買主側の業者へ同じく72.6万円の仲介手数料を支払っているのです。

そして、この2つの仲介手数料を、売主側と買主側の別々の仲介業者がそれぞれ1つずつ受け取る取引を〈片手仲介〉、1つの業者が2つとも受け取る取引のことを〈両手仲介〉と呼びます(**図表4-1**)。

〈片手仲介〉の場合は、売主から依頼を受けた業者と、買主から依頼を受けた業者とが、それぞれの側に立って、業者間で条件の交渉や契約の取りまとめを行います。

一方、〈両手仲介〉の場合は、売主と買主の両方から依頼を受けた業者1社が、同時に双方の側に立って、仲介取引を取りまとめることになります。

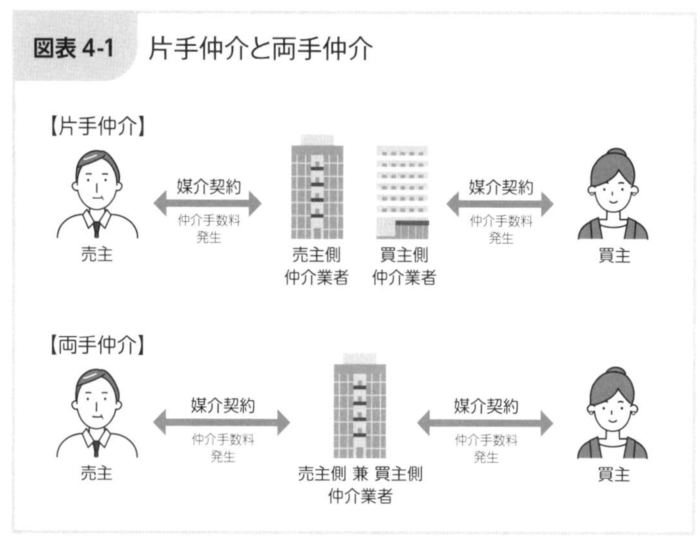

民法では、依頼者の利益を害する可能性があるので、法律行為における当事者双方の代理行為は禁じられています。

しかし、「不動産の仲介は代理ではなく、売主と買主の仲を取り持つ媒介行為である」という認識により、宅地建物取引業法（以下、宅建業法）ではこの〈両手仲介〉は認められています。

不動産取引で仲介を請け負うということは、あるべき論でいえば、その依頼者の側に立って（味方になって）、依頼者の利益を最大化するために最善を尽くすことが求められます。

一方で、できるだけ高く売りたい売主と、できるだけ安く買いたい買主とでは、根本的に利害が相反するかたちになります。

この相反する双方の当事者のそれぞれの味方になるのが〈両手仲介〉ということになります。

もちろん、1つの不動産取引で、間に入る不動産業者が1社のみになることで、やり取りがスムーズに行われる面もあります。〈両手仲介〉そのものがどのようなケースでも、完全否定されるものとまでは言えないでしょう。

ただ、利益相反する双方の側に立つということ、そして双方の側に立つことで業者が受け取る〈仲介手数料〉という売り上げが2倍となることから、どうしても問題を生みだす土壌となってしまっているのです。

ちなみに、不動産取引の成熟国であり契約社会でもあるアメリカでは、州ごとにこの〈両手仲介〉の取引のルールが定められています。実際は、半分以上の州で禁止されており、禁止されていない州でもなんらかの制限が設けられています。

その理由は、〈両手仲介〉が売買契約の当事者である一般個人へ及ぼす悪影響を回避するためと考えられます。

〈両手仲介〉狙いが引き起こす〈囲い込み〉という悪習

言うまでもなく、売却の依頼を受けた不動産業者としては、売主のみから仲介手数料を受け取る〈片手仲介〉ではなく、できれば1つの取引で売主と買主双方から仲介手数料を受け取ることができる〈両手仲介〉を実現させたいと考えます。

たとえば、2,000万円の成約の場合、片手なら売り上げは72.6万円ですが、両手なら倍の145.2万円になるからです。

そして、売主から売却の依頼を受けた不動産業者が、その取引を〈両手仲介〉にするためには、業者自らが買主を見つけてくれば良いのです。

ここまでの話だけなら、特段問題はありません。

〈両手仲介〉は宅建業法上認められているもので、売主の希望を受けて仲介を請け負ったうえで、その「売却成立」というゴールを実現するために、業者自らががんばって買主を見つけるのです。

売主側の売却の手伝いだけでなく、買主側の融資や賃貸管理の相談などにも対応し、双方の希望をすり合わせて契約書類を作成し、それが実現できた結果として双方から報酬を受け取る。ここにはなんらおかしい点はありません。

問題は、**業者によって、自らが買主を見つける〈両手仲介〉にこだわりすぎる場合に起こります。エスカレートすると他業者に対して売り出しの情報を隠したり、他業者が連れてきた買主候補を排除する「囲い込み」を始めてしまうのです。**

物件を売却するにあたって、可能なかぎり高く売るために必要なことはなんでしょうか？

いくつかの要素があるかもしれませんが、間違いなく、その答えの１つとして言えるのは、**「できるかぎりたくさんの買主候補の方々にその物件の情報を見てもらい、検討してもらう」**ことではないでしょうか。

10人だけでなく、その10人も含めた100人にその情報を見て検討してもらったほうが、高く売れる可能性は高まりそうです。

そして、その「可能なかぎりたくさんの買主候補に、物件の情報を見てもらい、検討してもらう」ための入り口として、国土交通省が推奨しているのが「レインズ」（96ページ参照）に売り出し情報を登録することなのです。

そのため宅建業法では、売主から売却の依頼を受けて〈専任媒介契約〉または〈専属専任媒介契約〉を締結した不動産業者には、自らの販売活動と併せて、物件情報を国土交通大臣が指定したレインズに登録して、広く買主を募るように義務づけています。

レインズに売却情報を登録することによって、全国約12万のあらゆる不動産業者が情報を得ることができて、それぞれの接点のある買主候補へその売り出し情報を提供して、購入の検討をしてもらえる仕組みができ上がっているのです（**図表４－２**）。

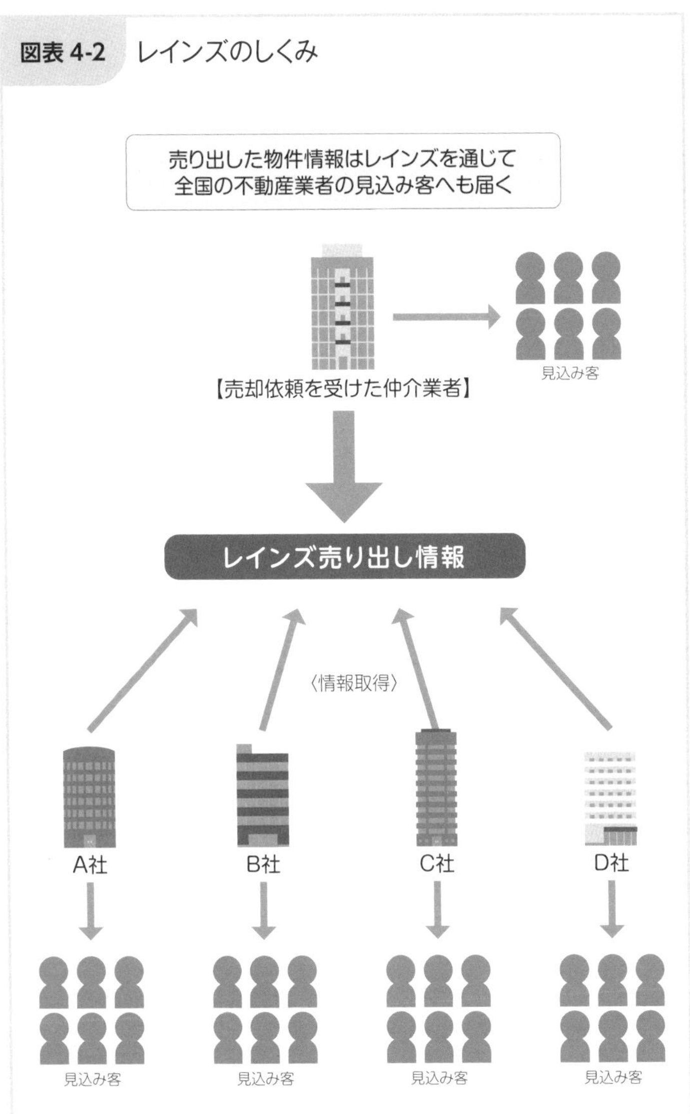
図表 4-2 レインズのしくみ
売り出した物件情報はレインズを通じて
全国の不動産業者の見込み客へも届く
見込み客
【売却依頼を受けた仲介業者】
レインズ売り出し情報
〈情報取得〉
A社
B社
C社
D社
見込み客
見込み客
見込み客
見込み客

このように通常のかたちで売却依頼をした場合には、先ほどの例のように10人だけに検討してもらうのではなく、100人に検討してもらえる仕組みができているのです。

つまり、売却依頼をした不動産業者の見込み客だけではなく、全国12万の不動産業者の見込み客に検討してもらえる仕組みがそこにあるということです。

〈囲い込み〉とは、この仕組みがあるにもかかわらず、売却依頼を受けた業者が自社で買主を見つけることにこだわり、他業者を通じた買主候補が現れないように、この仕組みを機能させないことを言います。

具体的には、以下のような行為です。

「レインズ登録の義務を果たすために、一時的にレインズに情報を上げるが、すぐに取り下げる」

⇒レインズへの登録義務はあっても掲載期間の取り決めはありません。

「レインズに登録する情報を、事実と異なり『購入申込みあり』の情報にしてしまう」

⇒「購入申込みあり」の表示は、他業者の問い合わせを減少させます。

もっとも、この囲い込みの問題は、ここ数年、世間的にも国土交通省内でもかなり問題視されているので、ここまであからさまなやり方は大分減ってきています。

ただし、最近はもう少し巧妙というか、ケースによっては〈囲い込み〉とは言い切れないようななかたちで行われています。

たとえば、以下のようなものです。

「レインズに情報の登録はあるが、販売図面が開示されていない」

⇒他業者が買主候補へ商談するために要求しても、「作成中」と断られる。

「問い合わせは担当者のみが対応し、そしてその担当者と連絡がつかない」

⇒外出や会議中、接客中で不在、そして折り返しの連絡をしてこない。

「資料を請求しても開示しない」

⇒分譲時パンフレットや賃貸関係の書類など、買主に検討してもらうために必要な資料を請求しても、「現在、取り寄せ中」といつまでたってももらえない。

「『すでに交渉が進んでいる』と問い合わせに応じない」

⇒「まもなく申込みが入りそうなので」と、資料請求や質問などに対応しない。

このようなケースでは、本当に〈囲い込み〉かどうか言い切れないところもあるのですが、残念ながらそういった真偽が見えにくい面を利用して、一部の業者ではあらゆる口上を使って情報を囲い込むことを行っています。

2,000万円で売り出した物件に対して、1つの業者が接点をもっている10人の見込み客のなかには「1,900万円で買いたい」という方しかいないかもしれませんが、全国の業者の接点のある100人のなかには「2,000万円で買いたい」という方もいるかもしれません。

〈両手仲介〉にこだわるあまり、売却依頼を受けた仲介業者が売り出しの情報を囲い込み、「問い合わせが少ないから」と売主に価格を下げるように促して、結果として1,900万円でしか売れなかったとしたら、売主が2,000万円で売れる機会を損失した裏で、仲介業者の売り上げだけが2倍になっているのかもしれません。

レインズに情報を上げたことで他業者から問い合わせがあったとしても、その「問い合わせがあった」という情報は、売却依頼した仲介業者を経由することでしか、売主には届きません。

囲い込みによって損失が発生していたとしても、その事実を売主が知るすべはないのです。

もちろん、この囲い込みを、すべての不動産業者が行っているということでは決してありません。しかし、**全国的な大手不動産会社の売買手数料実績を確認してみれば、会社によっては、その手数料率から明らかに両手仲介比率が高い会社がある**ことがわかります。

繰り返しとなりますが、売主側から受領できる仲介手数料は「成約金額の3%＋6万円」が上限ですから、片手仲介が主だった取引なら成約金額あたりの手数料率の平均は、成約金額の3〜4%ぐらいに落ち着くはずです。しかし、実際には5%以上となっている企業がいくつもあります。このあたりの大手不動産仲介業者の数字については、web上で複数の情報が確認できますので、〈両手仲介〉というキーワードで検索をしてみてください。

売却の依頼を受けると、専任または専属専任での媒介契約の場合は、すべての不動産業者がその売り出し情報をレインズに登録します。

レインズに登録をすれば、ほぼ自動的に全国約12万の不動産業者に情報が行き渡るわけです。

大手と呼ばれる不動産仲介業者には、〈両手仲介〉につながる「購入を希望している見込み客の数」も少なくないのかもしれませんが、その理由だけだと同じような大手のなかだけで比較をした際に生じる違いの説明がつきません。

同じように全国の業者に情報を行き渡らせているにもかかわらず、なぜ、かたや3%台、かたや5%台の手数料率といった違いが出るのでしょうか。

私はこの数字の違いと、不動産業者として日々レインズの物件情報へ問い合わせをしている感触から、「実際に現場で行われている〈囲い込み〉を、現実のものと受け止めるしかない」という心境にあります。

当社も宅建業登録を受けている不動産業者となります。

これは「不動産業者あるある」なのですが、レインズを見て当社が買主として検討している前提で問い合わせをすると（相手側の業者からすると、成約になれば〈両手仲介〉となります）、とても丁重でスムーズな対応をしてくれます。

一方で、同じくレインズを見て当社が買主側の仲介に入る前提で問い合わせをすると（相手側の業者からすると、成約になっても〈片手仲介〉にしかなりません）、いくつかの不動産業者はわかりやすく２回目以降の連絡がとりにくくなり、資料請求の対応も遅くなります。

また、当社で売却の依頼を受けて物件の情報をレインズに登録すると、日常的に買主候補を連れてくることに注力している仲介業者の担当者と話をする機会が増えます。そういう方々は日々このような囲い込みに直面しているので、時には「最近は大手○○社の△△支店がかなりあからさまな感じですね……」などと、情報共有とも愚痴とも取れるような話をしてくれることもあります。

囲い込みは、「できるかぎりよい条件で」売却を成立させてもらいたいと願い、契約成立時には仲介手数料の支払いを約束した依頼者の信頼を、不動産業者の利益のためだけに一方的に裏切る行為です。

また、迅速で公正な不動産取引のためにレインズへの登録義務を課した宅建業法の精神にも反する行為です。

レインズを管理する不動産流通機構はその利用規定のなかで、売却依頼を受けた業者の義務として、「依頼者の意思など正当事由がないかぎり、他業者からの物件詳細の照会を拒否してはならない」と規定しています。

このようなルールがありながら、残念ながらこの不動産業界には、両手仲介への誘惑や長らく続いた慣習から、まだまだこういった〈囲い込み〉が横行しています。

売主として、いざ自分の物件を売り出すにあたっては、この行為が存在していることを前提で臨む必要があります。

ここまであまり楽しい話ではなかったと思いますが、まずはこの事実を知って受け入れることが、高く売るためのスタートラインとなります。

続いては、この〈囲い込み〉に、できるかぎり巻き込まれないための対策について、解説をしたいと思います。

2

〈囲い込み〉の被害を受けないための対策（その1）
信頼できる業者選び

〈囲い込み〉の被害を受けないための対策は、とてもシンプルですが、大きくは次の2つしかないと考えられます。

① 囲い込みをやらない業者に売却の依頼をする
② 売主自らがけん制やチェックをすることで、不動産業者に囲い込みをさせないようにする

囲い込みをやらない業者に依頼をする

1つ目の「囲い込みをやらない業者に売却の依頼をする」は、「それはそうでしょ」という方法ですが、こういった業界の悪習に対して強い問題意識をもち、「囲い込みをやらない」ことを約束している会社は、数多くはないながらも確実に存在しています。

そういう会社はweb上で〈両手仲介〉〈囲い込み〉といったキーワードを入れるだけで、簡単に見つけることができます。

本書の執筆にあたり、参考書籍の1つとさせていただいた『絶対に得する！自宅マンションを高く売る方法』を出版されている関谷健不動産販売もその1社ですし、「大きな不動産会社が安心だ」という方は、SRE不動産（旧ソニー不動産）なども古くからこういった問題を取り上げ続けています。

そして、投資用物件を専門で〈両手仲介〉や〈囲い込み〉を否定している会社ということで、当社（リヴァティ株式会社）の取り組みを知っていただけるとうれしく思います（https://liverty-tokyo.com/）。

本書は、「投資用ワンルームマンションの売却について正しい知識をお伝えする」ことを一番の目的にしています。したがって、自社の宣伝につながる内容は最低限にとどめるよう心がけておりますが、この箇所のみ〈囲い込み〉を排除している一業者の取り組みの説明として、ご容赦いただければ幸いです。

当社では〈囲い込み〉を一切やらないことを宣言し、自社ホームページ上などで明示しています。

そして、そのポリシーを現実のものとするために**〈両手仲介〉そのものを追い求めない**ことを約束しています。

〈両手仲介〉の結果として得られる2倍の仲介手数料こそが、業者の立場からすると「〈囲い込み〉への欲求」という悪魔のささやきを生む可能性があるからです。

売却の依頼をいただいた場合には、売主側のみの仲介を行い、他業者が買主候補を連れてきてくれる環境を整えることに注力します。さらに付け加えると、**仮に結果として〈両手仲介〉として取引を取りまとめることになったとしても、不動産業者としての当社の売り上げが２倍になることはなく、同時に売主の利益最大化が損なわれないようなルール**を設けています。

たとえば、実際の売却の現場では、レインズ登録を通じての売り出しを行うと、自社で買主候補を追いかけているわけではないにもかかわらず、自動的に〈両手仲介〉となる取引が成立することがあります。

これは投資用物件では珍しくないのですが、購入者として不動産業者自身が手を挙げてくるケースです。

こういった業者の購入目的は、主には買い取り転売であり、レインズの登録情報を直接確認できる不動産業者自らが、買主として名乗りを上げてくるのです（**図表４－３**）。

この場合は、取引としては〈両手仲介〉（売主買主双方の仲介業者が当社）となるのですが、こういうケースでも、双方から受領する仲介手数料の合計が片手分を超えることを禁止しています。

このようなルールづけをすることで、結果として〈両手仲介〉取引となったとしても、当社の売り上げが２倍に増えることはなく、こういった買取業者との取引を優先したくなる

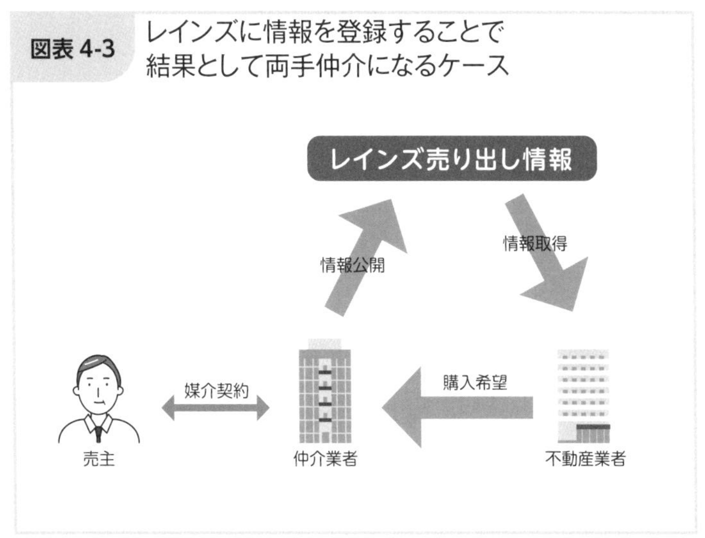

金銭的メリットをなくし、〈囲い込み〉への欲求が生まれる余地をつくらないようにしています。

そして、このことは同時に、売主側の利益最大化にもつながることになります。

どういうことかというと、不動産業者自らが購入申し込みを入れてくる場合は、購入価格と仲介手数料の合計額として〈支払うことができる予算〉を提示してくるのが一般的です。

その理由は、買主である不動産業者からすると、購入価格も仲介手数料も区別なく同じ仕入れ費用にすぎないからです。

そのため、当社が双方から受け取る仲介手数料合計の上限を片手分にすることで、取引の売買価格を最大化させることができます。

たとえば、買主業者から購入価格2,000万円と仲介手数料72.6万円の合計2,072.6万円が予算上限との提示があった場合は、売主側からのみ正規の仲介手数料を受領する取引にすることで、売買成立価格を2,072.6万円とすることができ、その分、売主の（税引き前の）受取金額を約70万円増やすことができます。

これを〈両手仲介〉取引だからといって、当社が仲介手数料を双方から上限額受け取ることにすると、売買価格は2,000万円となり、売主の受取金額を最大化させることができなくなってしまいます。

一般的な仲介業者だと、このようなかたちで不動産業者から購入申し込みが入った場合には、売主側と買主側の双方から仲介手数料を受け取る前提で「2,000万円で申し込みが入りました」と、売主側に報告することになります（図表4－4）。

ここは当社がかなり徹底しているところで、会社設立以来、1つの仲介取引で片手以上の仲介手数料を受領したことは一度としてありません。

そして、このルールを守っていることを証するために、（結果として両手仲介取引になった場合は）買主側から受領した支払約定書を売主に開示することを行っています。

支払約定書とは、その言葉のとおり、「支払いを約束します」という書面です。売主や買主が「売買契約時や物件の引き渡し時に○○万円の仲介手数料を支払います」と、仲介業者に対して約束する意味合いで、一般的には売買契約締結時に、仲介業者が用意した書面に売主や買主が署名押印をするものです。

当社では、先ほどのケースのように〈両手仲介〉取引で買主側から仲介手数料を受け取らない場合でも、仲介手数料0円の支払約定書を買主側から受領するようにしています。

そして、その書面を売主に開示することで、1つの取引での仲介手数料合計が片手分を超えずに、売主利益がまちがい

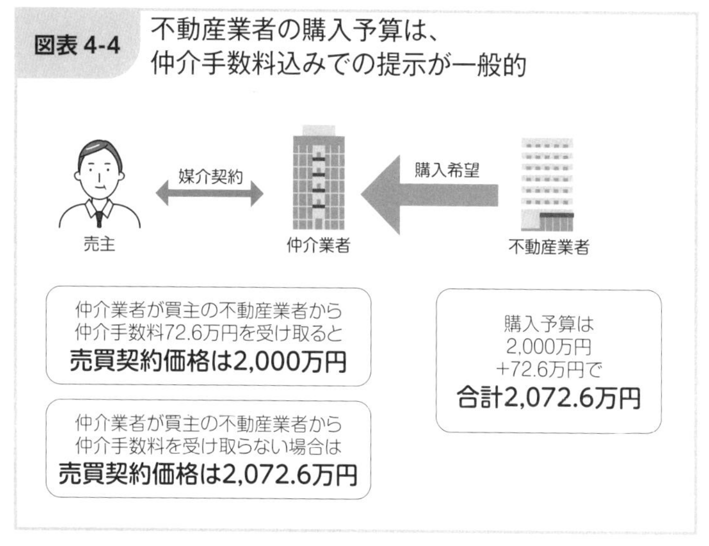

なく最大化していることを確認していただくのです。

繰り返しとなりますが、〈両手仲介〉自体は合法的な取引でなんら問題はないのですが、この〈両手仲介〉にこだわることが〈囲い込み〉という売主への背信行為を生むきっかけとなってしまいます。

不動産業者として、自社のなかからこの〈囲い込み〉を完全に排除するためには、そもそも「〈両手仲介〉取引を追い求めない」という理念に加えて、「1つの取引で片手分を超える仲介手数料の受領を禁止する」のが、一番の方策だと考えます。

なぜなら「〈両手仲介〉が成立した際の仲介業者としての金銭的メリット」を完全に排除することこそが、「〈両手仲介〉への誘惑から生じる囲い込み」を生みだす隙をなくすことになるからです。

当社を含めて、数多くはないながらも、こういったルールの下で売却のお手伝いをする不動産会社は確実に存在します。

実際に売却を検討する際には、こういった会社に依頼することをおすすめします。

また、**「信頼できない業者の見分け方」**という点で、第2章でも少し触れましたが、売却依頼主への仲介手数料の値引き、特に「仲介手数料無料」をうたい文句にして集客している業者は、この〈囲い込み〉を前提で考えている可能性が高いので注意が必要です。

不動産仲介業者が得られる売り上げは、基本的には仲介手数料のみとなります。「売主側へ仲介手数料を無料にする」と約束することは、その売り上げを必ず買主側から受け取る必要が出てきます（つまり、買主を自社で見つける必要があります）。

この場合、この仲介業者が売り上げを確保するためには、どうしても物件の情報を囲い込む必要が生じ、せっかく売り出した物件への、購入希望者の間口を大きく狭めてしまうことになります。そして、結局はその分安い価格でしか成約できなくなる可能性が高まるのです。

70万円の仲介手数料が無料になったからといって、100万円や200万円、ときにはそれ以上に売却価格が下がってしまうとしたら本末転倒です。

目先の「仲介手数料無料」をうたい文句にしている仲介業者に対しては、注意が必要です。

3

〈囲い込み〉の被害を受けないための対策（その2）

売主自らのけん制とチェック方法

大切な所有物件の売却にあたり、〈囲い込み〉に巻き込まれないための一番の対策は、ここまで説明した「信頼できる業者に任せる」に尽きます。とはいえ、実際に売り出す際には「信頼できそうな業者」を選んではみたものの、本当に〈囲い込み〉をされないのか不安になることがあるかもしれません。

また、これまで付き合いのある不動産業者とは良好な関係を保っており、「売却もそのまま任せたい」という方もいることでしょう。

ここでは、売却依頼をした不動産業者に〈囲い込み〉をさせないように売主自らがけん制する方法、また実際に囲い込みしていないかどうかをチェックする方法について解説をします。

売主自らがけん制とチェックをする

実際に所有物件を売り出すときの大まかな流れは、図表4

－５のとおりになります。

この大まかな売却の流れに沿って、不動産業者へのけん制や〈囲い込み〉をしていないかのチェックについて、注意事項を確認していきます。

①売り出しの意思決定

この段階では、まだ具体的なアクションとして行うことはありませんが、強いて言うならば、「不動産業界には〈囲い込み〉という悪習が存在している」という事実を再度意識して、その〈囲い込み〉に巻き込まれない意思を固くすること

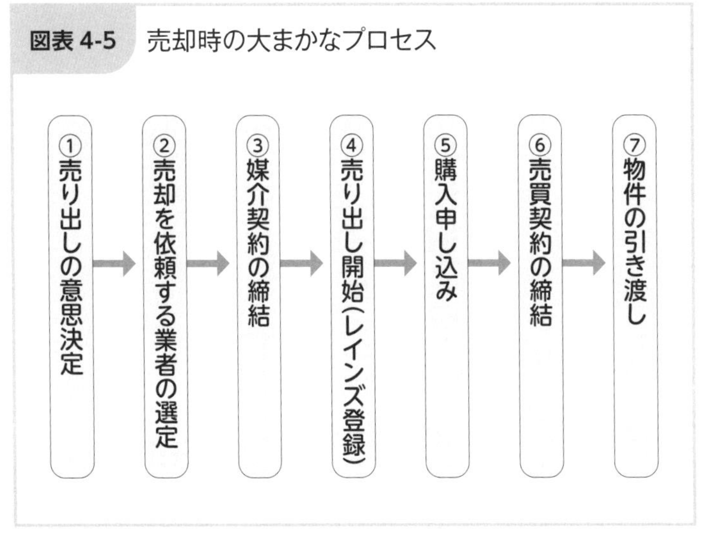

図表4-5　売却時の大まかなプロセス

が大切かもしれません。

②売却を依頼する業者の選定

先々〈囲い込み〉をされないために、面と向かって不動産業者に言いにくい、けん制につながる質問をぶつけるには、正式な売却依頼をする前のこのタイミングが最適でしょう。質問の内容はそのままです。

「本で、不動産業界には〈囲い込み〉というものがあるということを知ったのですが、仮に御社に任せたとしたら、〈囲い込み〉はしないですよね？」
「ネットで〈両手仲介〉とか〈囲い込み〉とかについて知ったのですが、御社はその辺どう考えていますか？」
「御社は〈両手仲介〉にこだわりますか？」

不動産業者としては、こんなことをいきなり聞かれたらドキッとすると思います。しかし、業界の裏事情に一定の知識があることを、質問を通じて伝えておくことは、先々のために有効なけん制になると思います。

私は長く不動産業界にたずさわっていますが、専門の東京ワンルームマンション以外の不動産に精通しているとは言えず、一都三県以外では特段のコネクションももち合わせていません。

そんな私が過去の会社員時代に、ほとんど土地勘や業界事情のわからない福岡県で、不動産業者に依頼をして所有物件の売却を行った経験があります。

リスク分散の一環で購入した福岡の投資マンションを、所有６年目で売却したのです。

その際にも、福岡市内の信頼できそうな業者を選んだうえで、「言いにくいことは依頼することを決める前に聞いてやれ」と勢いで前述のような質問を投げかけました。

当然のように、「弊社は売主様のために、幅広く他業者さんも使って買主候補を探させていただきます」といった無難な回答がもらえただけでしたが、結果として、お願いをした不動産業者の〈片手仲介〉というかたちで、つまり別の業者が買主候補を連れてきてくれるかたちで成約に至りました。

第２章の内容のように、時間をかけて段階的に価格を見直していっての成約だったので、当初売り出し価格よりは下げての成約でしたが、〈片手仲介〉という結果からも、おそらくは〈囲い込み〉にも遭っていないと推測でき、自分なりに納得のいく売却となりました。

「囲い込みしませんよね？」

こういった質問を事前にしておくことが完全に〈囲い込み〉を防ぐとまでは言い切れませんが、言うだけ損はありません。言いにくいことを一番口にしやすいこのタイミングで、質問というかたちでけん制を投げかけてみましょう。

また、もう1つ、これは次の「媒介契約を結ぶとき」でもよいのですが、この内容も確認しておきましょう。

「御社ではレインズに情報を登録したら、**他業者に向けてその物件情報の広告転載を OK としますか？**」

これはどういうことかというと、レインズ上の売り出し情報の掲載スペースには、「広告転載区分」という欄があります。物件情報を登録する不動産業者は、この広告転載区分を「可」または「不可」で選択することができます（正確には「可」は、「一部可」や「可但し要連絡」などいくつかに分かれています）。

「可」とした場合は、レインズで情報を確認した他業者が、買主候補を募るために紙媒体や自社のホームページ、ポータルサイトなどに物件の広告を打つことができます。もちろん、こういった広告に際して、売主側で負担しなければならない広告料が発生することはありません。

「不可」の場合はそれが一切できず、広告を打てるのは売却依頼を受けた不動産業者のみということになります。

ここまでの内容に沿って極端な表現をすると、広告転載区分を「可」にするということは、「当社はこの物件を囲い込みません。他社からの買主様も歓迎しますので、web 媒体でも紙媒体でもどんどん広告して、買いたいお客さまを見つけてきてください」という意味です。

不動産は、広告への露出が多ければ多いほど、良い条件で売れる可能性が高まります。その分だけより多くの方に検討してもらえるからです。売主側で「なるべく情報がオープンにならないようにしたい」といった個別の事情がないかぎりは､レインズを確認したあらゆる業者が､露出を増やしていってくれることがなによりです。

しかし､｢他社に買い手を連れてきてもらっては〈片手仲介〉になるので困る」と考える会社は、情報の拡散を嫌って、売主の意向と関係なく、広告掲載区分を「不可」とすることが多いのです。

広告掲載を「不可」とする表向きの理由づけとして、「物件情報が多く出回っていると、売り急いでいると思われてしまうから」と説明する業者もいますが、そんなことはないでしょうし、売り急いでいると思われたとしても、売主が自分の売りたい価格目安をもっているかぎり、特にデメリットはなさそうです。

仮に､｢売り急いでいる」と思われて大きな値引き交渉が入ったとしても､自分の売りたい価格目安と合わないのなら､断ればよいだけです。

ただし、1つのポータルサイトなどに複数の業者から重ねて掲載があると見映えが悪くなる場合もありますので、そういった調整だけを広告転載の権限をもつ売主側の業者が行えば、問題はないでしょう。

③媒介契約の締結

業者を選定する段階で聞きにくい質問を済ませておいた場

合は、売却がいいかたちでまとまるよう、仲介業者にはパートナーとして気持ちよく働いてもらう必要がありますので、媒介契約時に重ねてけん制する必要はなさそうです。

ただ、1つだけお願いをしておきましょう。

「レインズへの登録が済んだら、登録証明書を共有してくださいね」

〈登録証明書〉とは、レインズに物件情報が登録されると、レインズ側から登録をした不動産業者へ発行されるものです。

〈登録証明書〉には、売却価格、所在地、面積など、レインズに登録されている物件情報の概要が記載されています（図表4－6）。

また、〈登録証明書〉に記載のあるIDやパスワードを使うことで、図面も含めたレインズ上の売り出し情報をリアルタイムに、売主自らが確認することができます。

この情報には「公開中」や「書面による購入申込みあり」「売主都合で一時紹介停止中」など、レインズ上に掲載されている取引状況の記載もあります。

専任と専属専任の媒介契約の場合、不動産会社には**売主に〈登録証明書〉を交付する義務**が宅建業法で定められています。ただし、依頼しないと共有してくれない業者もいますので、媒介契約を締結する段階で一言お願いをしておきましょう。

図表 4-6 レインズ登録証明書（見本）

(宛)リヴァティ（株）
(発)国土交通大臣指定東日本不動産流通機構

2022.

■ 登 録 証 明 書 ■

御依頼の物件は、以下の通り登録されました。

データ種類	売物件	取引状況	公開中
物件種別	売マンション	物件種目	中古マンション
物件番号	100	土地権利	所有権
登録年月日	令和 4年	最新変更年月日	
最新更新年月日	令和 4年		
取引態様	専任	媒介契約年月日	
価格	万円	消費税	万円
管理費	5,610円	修繕積立金	5,800円
専有面積	23.36㎡	面積計測方式	壁芯
所在地	東京都品川区		
マンション名	８Ｆ		
所在階	8階	部屋番号	
沿線名	京浜東北・根岸線	最寄駅	大森
		バス　分　歩　7分　歩　560m　車　km	
その他交通手段			
間取部屋数	1	間取タイプ	K
詳細間取			
築年月	平成 4年		
建物構造	ＳＲＣ	地上階層	12階
棟総戸数	戸	地下階層	階
バルコニー方向	北東	バルコニー面積	2.64㎡
管理組合		管理形態	管理会社に全部委託
管理会社名	コミュニティ株式会社		
管理人状況	巡回		
駐車場		駐車場月額	円
現況	賃貸中		
引渡時期	相談	引渡	
用途地域			
借地料	円		
図面	有		
商号	リヴァティ（株）		
電話			
担当者	寺内	連絡先	
メール	com		
備考	９２，０００円 賃貸中		

間取タイプ、詳細間取にSが含まれる場合、納戸等を表します。

本物件のレインズ登録内容をインターネット上でご確認頂けます。
【登録内容確認URL】http://www.reins.or.jp/　【確認用ID】1001　【パスワード】

この売主自らがレインズ上の情報を確認できる仕組みは、2016年1月の改正で実現されたもので、国土交通省が悪質な〈囲い込み〉を減らす対策の1つとして取り入れたものです。

売主自らが情報を確認することで、レインズに情報を一時的に上げてから取り下げる行為や、なにも動きがないはずなのに「書面による申込みあり」にするなど、悪質な〈囲い込み〉がされていないかをチェックすることができます。

ただし、先ほどの「広告掲載」を「可」にしているか、「不可」にしているかまでの確認はここではできません。

 ④売り出し開始(レインズ登録)

業者がレインズに売り出し情報を登録した後は、実際に上げられている情報を確認してみましょう。

確認の手順は簡単です。

1 〈登録証明書〉に記載されているURLからレインズにアクセスする
2 「売却依頼主向けログイン」をクリックする
3 〈登録証明書〉に記載されている「IDとパスワード」を入力してログインする。

ログイン後は、図面が上げられているかどうかと、取引状況が事実と異なり「書面による申込みあり」または「売主都合で一時紹介停止中」になっていないかは、最低限確認をしましょう。

また確認後は、レインズ登録のお礼も兼ねて「ログインして内容の確認をしました、登録ありがとうございました」と伝えておくのがいいと思います。

売主として、レインズ上の情報を確認している事実をしっかり伝えることも、先々のけん制につながることでしょう。

⑤購入申し込み

この段階になると、売却依頼をした不動産業者も各種資料の収集や買主側への対応など、実務でそれなりの労力を割いてくれているはずなので、けん制や相手を信用していないかのように受け取られかねない質問を投げかけるのは難しいところです。

ただ、購入申込みの際に「大きめの値引き交渉があった場合」には、〈両手仲介〉なのかどうかを確認したほうが良いかもしれません。

ここでは「〈両手仲介〉なのですか？」といったストレートな質問ではなく、

「御社で買主候補を見つけてくれたのですか？」

「買主候補を連れてきてくれたのは他業者さんですか？」

など、間接的な質問が適していると思います。

当社の取り組みのところでも少し説明をしましたが、買主候補によっては買主側が負担する仲介手数料が売買価格に影響を与えるケースがあります。

とはいえ、当社のような「1つの取引で片手を超える手数料の受け取りを禁止するルール」をもっていない会社に、〈両手仲介〉で値引き幅が大きいことを理由に、売主や買主側の仲介手数料の値引きを求めたとしても、先方の理解は得られにくいでしょう。

ここでは〈両手仲介〉かどうかを確認するとしても、それはそれとして（もしくはそれを踏まえたうえで）、「売主として、いくらの値引きまで許容するかを考えたうえで回答する」以外の対応策はないかもしれません。

要求されている値引き満額を受け入れず、買主側の譲歩もなければ、その購入申込みは流れることになりますが、不動産業者によっては、双方の価格希望がどうしてもまとまらないようなら、なにかしらの〈仲介手数料の調整〉を提案してくることもあるかもしれません。

⑥売買契約の締結

このときには、売主と買主双方が条件に合意していて、「後は署名・押印を行うだけ」という段階だと思いますので、〈両手仲介〉や〈囲い込み〉について、特に気をつけることはないでしょう。

ただ、〈両手仲介〉となった場合で、もし１つ前のプロセスで、成約価格と買主側の仲介手数料の調整が行われたのなら、その真偽の裏づけのために〈支払約定書〉を確認するのは、このタイミングとなります。

先ほども出てきましたが、〈支払約定書〉とは売主や買主が「売買契約や引き渡し時に○○万円の仲介手数料を支払います」と仲介業者に対して約束するもので、一般的には売買契約締結時に、仲介業者が用意をした書面に売主や買主が署名・押印をするものです。

もし仲介業者が成約をまとめるために、買主側から受領する仲介手数料を調整（値引き）してくれたのなら、この〈支払約定書〉を見せてもらうことで、その金額を確認することができます。

たとえば、2,000万円で売り出している物件に100万円の値引き交渉（1,900万円）付きで、売却を依頼した仲介業者が自ら買主を見つけてくるかたちで（両手仲介取引として）、購入申込みが入ったとしましょう。

これに対して、売主としては50万円の値引き（1,950万円）までしか応じないと回答した場合を考えてみます。

この回答（1,950万円）を買主側にぶつけた仲介業者が、その後、次のような報告と相談をしてきました。

「買主はなんとか70万円の値引き（1,930万円）まではお願いできないかと言ってきています。売主様としては50万円までの値引きが許容ラインということは承知しているのですが、このままでは話がまとまらなそうです。

そこで提案なのですが、弊社が買主から受領する仲介手数料を10万円値引きしますので、売主様も売買価格をもう10万円だけ値引きしていただけないでしょうか。1,940万円での契約を了承いただければ、弊社が買主から頂戴する手数料を10万円値引くことで、買主側へは実質1,930万円の契約として納得してもらうことができそうです」

これに対して「仲介業者が、買主から受け取る手数料を調整してまでまとめようとしてくれているのならOKするか……」と、売主として承諾をしたとしましょう。

この場合に、本当に買主側の仲介手数料を10万円値引きしているのかどうかは、買主と仲介業者が交わす〈支払約定書〉を見せてもらうことで確認することができます。

ただ、私もここまで書いてきて「現実的ではないな」と思ってしまいますが、ここまで色々とやり取りをしてきた仲介業者に対して、この要求ができる強い心臓をお持ちの方はあまりいないように思います。

⑦物件の引き渡し

この段階ではなにもありません。

自分が大切にしてきた資産を売り渡すわけですから、後々気持ちよく自分の売却体験を振り返れるように「色々とけん制もしたし、レインズ上の情報も何度か確認をしたので、(おそらくは) 囲い込みされずに、仲介業者もベストを尽くしてくれて、今の時期として考えられる最良の価格で売れたのだろう」と受け止めましょう。

4 不動産業者としての「私自身の〈囲い込み〉被害体験」

本章では、可能なかぎり高値で売却をするために、〈両手仲介〉や悪しき不動産業界の慣習である〈囲い込み〉、そしてその対応策について解説をしてきました。

私自身、読み返してみて「あまり気分の良い内容ではないな」と思ってしまうのですが、満足できる売却のためには、このテーマについての知識は必須だと考えています。

もちろん不動産業界のなかには、自らの仕事に確固たる誇りをもって、「依頼主様にしっかりと利益を確保して喜んでもらう」という純粋な気持ちで日々の業務に心血を注いでいる、不動産業者や営業マンがたくさんいることも間違いないことと思います。

ただ一方では、国土交通省が悪質な〈囲い込み〉を問題視して、売主がその被害に遭わないようにレインズの仕組みを見直してきていることからもわかるとおり、この〈囲い込み〉が長らく業界の悪習として存在していたことはまぎれもない事実です。

以前は、当たり前のように会社ぐるみで〈囲い込み〉を行っており、新人営業マンのなかには、それが不正行為であることを知らなかったなどという時代もありました。

しかし、ここ数年は特に、〈囲い込み〉がマスメディアで取り上げられる機会も増えてきているので、表向きは「〈囲い込み〉は一切やっておりません」というスタンスを通す会社がほとんどとなりました。

ただ、会社全体で推奨していなくても（当たり前ですが）、支店や個人単位で巧妙にそれを行うことを容認している状況が、まだまだ続いていると考えられます。

私自身も日々レインズを通じて業務を行わせてもらっているなかでは、「やはり囲い込んでいるんだろうな……」と思わざるを得ないことが多々あります。

特に数多くの支店を構えている大手企業のなかには、支店間の競争が激しいからなのか、そこから紐づけられている各営業マンの個人目標やノルマが厳しいからなのか、その傾向の強いところが少なくないように思えます。

買主側の業者として味わった〈囲い込み〉

半年ほど前に、すでに複数の物件をお持ちの会社員の方から「都内の投資用ワンルームを探してほしい」と依頼を受け、レインズ上で優良そうな物件を絞り込んで、大手不動産仲介会社の某支店へ問い合わせたときのことです。

その物件は渋谷区の京王新線初台駅徒歩6分で築20年ちょっと、利回りは表面で4.5%を少し超えるぐらい。割安感はなかったのですが、その立地と管理状況の良さ、専有面積も25㎡を超えていて、入居者退去後のリノベーションの可能性などを含めて、かなり優良度の高そうな物件でした。

電話で問い合わせをしたところ、すぐに売主側業者の担当者がつかまり、売り出し中である（まだ申込みが入っていない）ことが確認できました。そこで、自社顧客に紹介したい旨を伝え、管理に係る調査報告書や部屋位置のわかるパンフレットなどの資料請求をしました。

金曜日の夕方の問い合わせで、「メールで資料一式を送ります」との返答だったのですが､週が明けても送られてこず、連絡もありませんでした。

そこからは何度もその担当者と連絡をとろうとしたのですが、席外し、会議、外出と電話がつながることはありませんでした。大手企業だけに受付の電話はいつも感じの良い女性が丁寧に申し訳なさそうに対応をしてくれるのですが、折り返しのお願いに対しても、担当からの連絡はもらえず、まったく話ができない状況にありました。

この段階でもう半ばあきらめていたのですが、現地を確認されてかなり気に入っていた買主様のお気持ちもあったので、なんとか継続して連絡をとり続けたところ、初めての問い合わせから2週間近く経って、ようやく担当と話ができました。

開口一番「何度も連絡をもらっておりまして、大変申し訳ありませんでした。ずっとバタバタしておりまして、これからすぐに資料一式送付いたしますので……」と、とても丁重に謝られ、資料一式が送付されてきました（このあたりが巧妙といえば巧妙なのですが）。

その後、すぐに買主様にその資料を転送し、これまでの先方の対応を伝え、「購入は難しそうだが、進めたいなら購入申込書を送るしかなさそうです」と話したところ、すぐにその方向で進めることとなりました。

「価格交渉はほぼ無理」と最初の段階で言われていましたが、念のため30万円のみ値引き交渉付きで購入申込書を作成し、「価格交渉が難しそうなら、そのあたりは柔軟に対応するので相談ください」とのメッセージを添えて、メールにて売主側の業者へ送付しました。

そして、そこからまた連絡がつかなくなりました。

数日経っても状況が変わらなかったため、やはりこのまま話を進めるのは難しそうだと判断し、買主様にもその旨を伝えたところ、ちょうどそのタイミングで神楽坂エリアの良さそうな売り出し物件が出てきたので、そちらの物件を紹介することにしました。

こちらも大手仲介会社のレインズ掲載物件だったので、びくびくしながら進めたのですが、この仲介会社の担当者はしっかりと対応してくれて、無事にこの物件を購入していただくことができました。

その後、この囲い込まれていそうな渋谷区初台の売り出し情報をしばらくレインズ上で追いかけていたのですが、2カ月ほど経っても売り出している状況が続いていました。

おそらくは私が連絡をとるのをあきらめた後も、買主に紹介しようとする他業者の問い合わせからは同じように逃げ続けて、なんとかどこかの不動産業者自らが買主として手を挙げてくれるのを待つか、自社で買主を見つけようとしていたのでしょう。

私の長い業務経験のなかでも、買主側の業者として問い合わせをして、売主側業者にここまであからさまにひどい対応をされたことはあまりないのですが、これは実際にあったリアルな体験です。

この物件の売主様と直接話をする機会はもてませんので、どういう経緯で物件を売り出したのかまではわかりませんが、売り出している価格から30万円のみの価格交渉で（価格交渉が難しいなら調整する意思もある）買主候補が手を挙げていたことは、おそらくこの売主様には伝わっていなかったと思います。

繰り返しますが、この初台の物件をレインズに掲載していたのは、名前を聞けば誰でも知っているレベルの、全国展開を行っている「超」がつく大手企業の某支店です。

これほどの対応をしてくる業者や担当者はそうそういないとは思いますが、本書をお読みのみなさまがいざ売主となったときに、自分の知らないところでこういった目に遭わないように、本章でお伝えしてきたとおり、まずは〈囲い込み〉が存在していることを事実として認識したうえで、できるかぎり信頼できる業者を選び、さらには自らけん制とチェックをすることが大切です。

第２章でお伝えした「高めに売り出して、様子を見ながら、段階的に価格を下げていく」売り方は、単純ではありますが、できるかぎり高い成約を狙うための正しい手法の１つだと確信しています。

ただし、その売り方も、物件の売り出し情報がレインズを通じてしっかりと全国の不動産業者に行き渡り、求められた資料や問い合わせなど買主候補への対応が適切に行われなければ機能しません。

不動産業界の裏事情とそれに対する防衛策をよく理解したうえで、ご自身の売却に活用してください。

コラム③

「〇〇万円であなたの物件を買いたい人がいます」自宅に届くこういうDMって信じていいの？

「マンションオーナーあるある」だと思いますが、みなさまがすでにマンション経営を実践している方だとしたら、内容はそれぞれかもしれませんが、以下のようなDM（ダイレクトメール）が頻繁に自宅に届いているのではないでしょうか。

「売却の査定をしてみませんか」
「今が売りどきですよ」
「売却するならお任せください」
「あなたのマンションを買いたい人がいる」
などなど。

私は個人名義で複数戸の物件を所有していますので、大げさではなく、毎日のように色々な会社からこういった郵便物が届いています。

なかには、具体的に「〇〇万円で購入希望の方がいる」などと明確な金額が提示されているものもあって、その金額が買った当時の価格や自分のイメージよりもかなり高かったりすると、「おっ」などとうれしくなってしまいますよね。

さて、こういう魅力的な金額が提示された情報、果たして本当なのでしょうか。

はい、これはみなさまのご推察とおり、大半がそうではないと言ってしまってよいでしょう。

こういったダイレクトメールの目的は、その業者を通じて物件を売り出してもらう媒介契約を取ることにあります。ですので、そこに書かれている、うれしくなるような高い金額は、囮（おとり）であると見なすのが無難です。

「そんなに高く売れるなら～」ということで問い合わせをしてみると、なんとか安い価格で媒介契約を結ばせようと働きかけてくる。もしくは、売り出した後に色々と理由をつけて大幅に価格を下げさせようとする。そういう可能性が高そうです。

みなさまが購入者として投資マンションを探すとき、不動産業者に対して具体的なマンション名を挙げて、しかも「○○万円なら買います」などと金額を提示して探してもらいますか？

おそらくしないですよね、希望を伝えるにしても、大まかな価格帯や利回り、エリアや築年数もしくは部屋の広さぐらいまでではないでしょうか。個別のマンション名を挙げて金額を提示して業者に希望を伝えるのは、私はお会いしたことがありませんが、よほど熟練した投資家だけでしょう。

よく知られていることかもしれませんが、こういったダイレクトメールは、第三者であっても数百円払えば必ず取得することができる登記簿謄本から住所と名前を調べて、業者が一斉に送ってきているものです。
そもそも私たちの所有しているマンションの運用状況や管理費、修繕積立金など、個別情報についてほとんど知らずに、手当たり次第に送ってきているのです。
とくに投資用物件では、その家賃や毎月のコストから計算する収益性がはっきりしていなければ、明確な金額を提示できるはずがありません。

このように、うれしくなるような高い価格のダイレクトメールは、残念ながら信頼に値しないものです。しかし、逆に「よくもこんな安い金額を堂々と提示してくるなぁ〜」といったものもあったりします。これは最初から買い取り転売業者などへ卸すことを前提としている価格と考えられます。
この場合は、送付元の業者が家賃や管理費修繕積立金などについてはっきりとわかっていなかったとしても、「これだけ安ければ、どこかの不動産業者が絶対買うでしょう」という価格提示ですので、「○○万円で買いたい方がいます」というのは本当の情報とも言えるのですが……。

また、明確な金額提示までうたっていなかったとしても、色々とツッコミどころの多いダイレクトメールは他にもあります。

たとえば、「相続で受け取る現金の使いみちを考えている投資家がいる」「開業医が節税対策を目的に、年内中に予算○○万円で物件を探している」など、いかにも前向きで購入を急いでいそうな希望者を抱えているといった内容のものです。

こういったものについても、不動産業者の立場から考えてみると、本当に今まさに投資マンションを購入したがっている顧客を抱えているのなら、レインズに登録されていて今すぐ紹介することができる売りもののなかから物件を探してくればいいだけです。東京23区という括りだけでも、常時1,000件を超える投資物件が売り出されているのです。

きれいごとを言えば、その購入者を大切に考えてあげるのなら、そういう幅広い選択肢のなかから選ばせてあげればよいでしょうし、そうでなかったとしても、早くその方に優良な物件を紹介できないと、他の仲介業者を通じて物件を購入されてしまい、自社の売り上げがゼロになってしまう可能性もあるわけです。

売ってくれるかどうかわからない所有者宛てに、わざわざダイレクトメールを送り、時間をかけてまで紹介できる物件を募っているとしたら、それは「購入を希望している顧客はいるのですが、当社は〈両手仲介〉にこだわっていて売りものがないので、あなたの物件を売らせてください」と宣言しているようなものです。

〈両手仲介〉ばかり追いかけているということは、売主が望む「より高くなるべく早く」ではなく、「(安くてもいいから）とにかく早く両手の売り上げ」を第一に考えているということです。

もし仮に、ダイレクトメールに書かれているような前向きで購入を急いでいそうな希望者を本当に抱えていたとしても、売主としては、なるべく付き合わないほうがよさそうな不動産業者とも言えます。

さらに、こういったダイレクトメールでよく見かけるのは、仲介手数料の値引きをうたっているものです。

「当社に売却の依頼をしてもらえれば、キャンペーン期間中に限り、仲介手数料を半額やゼロ円にします」などといったうたい文句が目立つように書かれていたりします。

本文中でも触れましたが、「仲介手数料を値引きする、とくに無料にする」などという場合は、必ず買主側から仲介手数料を取る必要があり、それは〈囲い込み〉を前提で考えているということに他なりません。注意が必要です。

投資家が売却についての情報に触れる一番身近な機会は、このような自宅に大量に送られてくるダイレクトメールと言えるかもしれません。

そこに書かれている内容のレベル感はさまざまで、そのすべてを頭ごなしに否定する必要はありませんが、ダイレクトメールをきっかけに問い合わせや取引を行う際には、充分に気をつけるようにしてください。

第5章

〈将来の売却〉という観点から考える物件の選び方と持ち方

有利な売却は、〈購入する物件〉や〈運用の仕方〉によって大きく左右されるここまでの章では、「売るかどうかを考える」⇒「売る価格を決める」⇒「できるかぎり高く売る努力をする」という、ワンルームマンションを「売る」ことについて、直接的なアプローチとしての内容に絞って解説をしてきました。

この第５章では、少しだけ別の側面からの補足、つまり**ワンルームマンション経営の「売る」以外のプロセス**に目を向けていきたいと思います。

〈投資家が関われるアクション〉という観点から見ると、マンション経営は「購入」⇒「保有」⇒「売却」というシンプルな一連のプロセスとして捉えることができます。

そして、あらためて強調するまでもないかもしれませんが、実際に〈売却〉を成功させるためには、やはり「いざ売却を検討し、実践するところ」だけでは不十分で、「そもそもどのような物件を持つのか（購入）」、そして「どのような運用の仕方をするのか（保有）」も、大切な要素になります。

所有物件の売却を成立させることは、新たな購入希望者に手を挙げてもらうということであり、**客観的に見てその物件の賃貸経営が安定していそうなこと（うまくいっていそうなこと）**こそが、購入希望者の購入意欲を高めることになり、売却に好影響を与えると考えられるからです。

具体的には、〈手取り家賃〉という収益がしっかり取れていて、その状態が将来的にも継続する見込みが高いと判断されることが最重要となるはずです。

したがって、大切なことは、一般的によく言われる「(物件選びは) 立地や管理状態、建物グレードや部屋特性にこだわる」「(所有している間は) 資産価値の維持や収益向上を図る」といったことになるでしょう。

そして、こういった内容はつまり「マンション経営の成功のためにはなにが大切か」というテーマであり、すでに書店に数多く出回っている「投資用マンションの購入や運用法にフォーカスした書籍」などで詳しく解説されているものです。

本書で同じような情報を並べても、みなさまのお役に立てないと思いますので、この第5章では、このテーマのなかでも**将来の〈売却〉に影響を与える可能性がとくに高い注意事項のみ**を掘り下げて解説することとしました。

ぜひ参考にしていただければと思います。

1

物件を「買うとき」と「売るとき」の大きな違い

まず、大前提として理解していただいたほうが良いことは、「みなさまが物件を購入するときと、物件を売却するときとでは、その状況が大きく異なっている」という事実です。

これは、買った物件を売る際は築年数が異なっている（古くなっている）とか、その時その時の市場の状況が異なる（活況かそうでないか）といった話ではなく、その物件に付随している〈特典〉のことを言っています。

具体的には、〈物件を購入するときの融資条件〉と〈購入した物件になにか不具合があったときの補償〉です。

不動産業者が売主となる物件を購入するときの〈有利な融資条件〉と〈安心な補償〉

専業大家ではない一般的な会社勤めの方が、融資を使う前提で物件を購入する際は、おそらく買い取り転売業者から、つまりは**不動産業者自らが売主として販売している物件**（以下、**〈自ら売主物件〉**）を購入するケースが大半だと思います。

その理由は、販売活動を熱心に行っているのが大抵そういう不動産業者だからということもあるかもしれませんが、一番は〈自ら売主物件〉で利用できる〈融資の使い勝手や条件の良さ〉にあると言えるでしょう。

〈自ら売主物件〉の場合、一般的には、その不動産業者ごとに**「提携している金融機関の融資が使える」**という〈特典〉がついてきます。

詳細な条件は金融機関や購入物件によって異なってきますが、たとえば頭金は0万円から、金利は1%台、ローン年数は最長35年など、投資を検討している側にとって魅力的で、物件の購入に踏み出しやすい条件が揃っています。

こういった有利な融資条件を出してくれる金融機関のほとんどは、個人が飛び込みで直接申し込みをしようとしても、受け付けてくれません。不動産業者が自ら売主となる物件を購入する前提で、その不動産業者を通すことでしか融資を受けることができません。

もっとも、**個人が売主の物件**（以下、**〈個人売主物件〉**）を買う場合でも、まれなケースとして買主側の仲介業者が提携金融機関を用意してくれることはあります。しかし、通常は提携ではない金融機関の紹介や、もしくは買主が自分で金融機関を探してくる必要があり、自己資金も金利も年数も、提携金融機関の条件より劣っていることがほとんどでしょう。

私個人が物件を購入する際は、売主が業者か個人かにこだわっていないのですが、個人属性の面からそもそもいわゆる提携金融機関の審査の土俵に乗らないので、どちらにしても金融機関は自分で探してくる必要があります。

そんな私がこれまでに融資を受けられた条件は、これも金融機関や購入物件によるのですが、頭金は購入価格の2～4割、金利は2.5%前後、ローン年数は30年以上のところもありましたが大抵は15年前後、といった感じでした。

私のように、どちらにしても自分で金融機関を探さなければならないのなら別ですが、一般的な会社員へ広く門戸を開いている提携金融機関ならではの「融資の使い勝手や条件の良さ」は、〈自ら売主物件〉の大きな特典と言えるでしょう。

また、**〈自ら売主物件〉**には、購入の引き渡しが済んだ後に見つかった重大な欠陥（給排水管の水漏れなど）について、**最低でも2年間**は、売主側である不動産業者に契約不適合責任が課せられます。

これは宅建業法の規定となり、不動産業者が自ら売主となり個人の方に物件を販売する場合には、この契約不適合責任（引き渡し時点で発見されていない不具合に対する補修や損害賠償義務など）の通知期間を、2年よりも短くする特約を無効とする定めがあり、購入者側からすると一定の安心感につながります。

一方で、**〈個人売主物件〉**を買う場合は、その契約不適合責任の期間は**通例として３カ月程度**となります。

その理由は、不動産業者が仲介しているとはいえ、この売買契約は売主（個人）と買主（個人）との、あくまでも対等な立場間のものとなるため、その期間は売主と買主双方の合意で定めてよいとされているところにあります。

個人である売主が、引き渡し後も数年にわたり、引き渡し時に明らかになっていない欠陥に対して責任を負い続けるのは現実的ではなく、３カ月程度の期間とするのが一般的です。

「不動産業者自ら売主物件」と「個人売主物件」の投資商品としての魅力の違い

このように、物件購入者からすると、この「提携金融機関」と「契約不適合責任」の２点が、不動産業者が自ら売主となる物件〈自ら売主物件〉を購入する場合と、個人が売主の物件〈個人売主物件〉を不動産業者の仲介で購入する場合との違いとなります。

そして、それはつまり**物件を買う側の立場から見ると〈自ら売主物件〉と〈個人売主物件〉では、投資商品としての魅力が、ある面においては大きく異なる**ということです（**図表５－１**）。

そして、みなさまがいざ自分の物件を仲介業者に依頼して売却を図るということは、実はこの〈個人売主物件〉として

図表 5-1 購入者から見たときの『不動産業者自ら売主物件』と『個人売主物件』の違い

	不動産業者売主 【買取転売】	個人売主 【仲介】
価格	△	○
仲介手数料	○(無)	△(有)
契約不適合責任	○(2年)	△(3ヵ月)
融資 (自己資金・金利・年数)	○	△

※「価格」や「融資」については、実際には物件や金融機関によって異なるため、業者と個人それぞれが、正しくは△～○、○～◎など幅のある評価と考えられますが、単純化のため△と○のみの評価にしています。

市場に売り出すということに他ならないのです。

繰り返しとなりますが、みなさまが売主として売り出す物件は**購入を検討する側から見ると、**〈購入時の融資条件〉と〈物件になにか不具合があったときの補償〉の2点においては、**不動産業者の〈自ら売主物件〉よりも条件が劣るもの**だということです。

たとえば、ローン金利のことだけを見ても、2,000万円を35年で融資を受ける前提だと、金利0.5%の違いは、総支払額でおおよそ200万円もの違いとなります。

その分、つまり付随しているサービスや補償が劣っている分、売却を成功させるためには、**（自分自身がその物件を買ったときよりも）物件そのものの魅力がより一層重要になる**という認識が必要です。

提携金融機関を利用できない〈個人売主物件〉の市場のなかから物件を購入してくれるのは、かなりの現金資産を持っている富裕層かもしれません、または独自で開拓した金融機関を持っている目の肥えた熟練投資家かもしれません。

そして、こういった購入者たちへ物件を提案する買主側仲介業者は、継続して取引をしてくれそうなこのような顧客との信頼関係を傷つけないように、物件そのものの価値を入念に見定めることでしょう。

また、融資を前提として一般的な会社勤めの方が検討してくれる場合でも、〈提携金融機関〉というサービスが提供できない以上、購入者自らが融資先を探す手間をかけてでも、自己資金を多く払ってでも、金利が多少高くても、さらには購入した後の補償期間が短かったとしても、それでも購入したくなるような物件である必要があるということです。

そのため、いずれ売主となる可能性のある私たちにとって大切なことは、前述のとおり、いわゆる「マンション経営の成功のため」という目的に沿った物件選びや持ち方をすることに尽きます。そのなかでも、本書では**物件の現地をしっかり確認する**ということを強調しておきたいと思います。この点については次の項でお話しします。

買い取り転売業者について

補足しますが、その融資条件や補償（または営業活動に注ぐ資金や労力など）を要因として、〈不動産業者の自ら売主物件〉と〈個人売主物件〉とでは、価格が一回りから二回り違うことは珍しくありません。

もっとも〈自ら売主物件〉のほとんどは、その業者ごとが独自に集客をした市場内でのみ売買を行い、レインズ上などで物件情報が公開されているわけではありません。

また、〈個人売主物件〉は売り出し価格にばらつきがあるということもあり、直接の比較は難しいのですが、一般的には不動産業者の〈自ら売主物件〉のほうが成約価格は高くなる傾向にあります。

そして、この〈自ら売主物件〉を提供する主役となる〈買い取り転売業者〉は、この価格差にビジネスチャンスを見出すため、みなさまが個人として物件を売り出した際に、買主として手を挙げてくれることが多々あるのです。〈買い取り転売業者〉とは､その名のとおり､物件を仕入れて（買い取って）利益を乗せて転売をする不動産業者のことです。

こういった買い取り転売をメインとする業者は、特に融資

条件という点においては、その実績や信用力などの企業努力を通じて、提携金融機関との取引関係を構築しています。

そして、その成果として手に入れた〈提携ローン〉という武器を活用し、**自社が売主となることで、利益を乗せる分価格が上がったとしても、それ以上に投資商品としての価値を高められる物件**を、市場の個人売主物件のなかから探し出し、仕入れて販売をしていることになります。

このことは、現在の投資用中古ワンルームマンション市場の現実的な一面であり、市場がここまで成長してきた大きな原動力とも言えるものです。

そして、個人として物件を売り出す際の有力な買主候補として、こういった不動産業者の存在は歓迎されるものではありますが、その利益として考える価格差の幅をどのぐらいで設定しているかは、業者ごとに違いがあることもまた事実と言えます。

不動産業者によっては、市場の個人売主物件を物色して、極端に言えば、あらゆる手を駆使して安く買い叩こうと、目を光らせているということです。

そのため、繰り返しとなりますが、みなさまが物件を売り出すにあたっては、本書の第２章～第４章で詳述してきたように、売主として自らの判断基準をもって、状況や買主側に流されることなく「できるかぎり高い値段で売却するための方策」を実践していただくことが重要となります。

2 物件の現地をしっかり確認する

この「現地をしっかり確認する」については、不動産投資未経験の方を対象としたマンション経営の入門書などでは必ず強調されているポイントだと思います。

ただ、実際にマンション経営を実践している方で、現地を見ないで購入している、もしくは購入したときに確認したのが最初で最後、その後は一度も現地に足を運んでいないという方も少なくないかもしれません。

現地確認をおろそかにしてしまう理由

〈東京ワンルームマンション〉というミドルリスク・ミドルリターンな投資商品を選んだ方々は、おそらく当初想定していたものと大きく変わらない運用ができていることでしょう。

賃貸がつくかどうかということで言えば、どの賃貸管理会社が開示している情報を確認しても、分譲型の東京ワンルームマンションの入居率は常時90%を超えています。

ここ最近のことだけで言えば、エリアや物件によってはコロナ禍の影響を強めに受けているケースもあるかもしれませんが、それでも相場と大きくかけ離れた家賃で入居募集をしていないかぎり、空室にいつも苦しんでいるという投資家はそうそういないでしょう。

管理面についても、それぞれの建物管理会社や管理組合の対応に差があるとはいえ、月々の管理費と修繕積立金というコストを支払っている分、建物としての管理がまったくの手つかずになっていたり、数十万円といった高額な修繕一時金の徴収などに不安を感じているという方はほとんどいないのではないでしょうか。

購入したことですぐに大きなキャッシュフロー（以下、CF）を得られなくても、こういった安定した家賃と仕組み化された管理で、大きなストレスを感じることなく手間暇なしに資産形成できるのが、〈東京ワンルームマンション〉の特徴と言えるでしょう。

不動産投資家として第一歩目となる1戸目の物件を購入する際には、しっかりと現地に足を運んで検討した方々も、こういった〈東京ワンルームマンション〉の安定度合いや手間暇のかからなさを実際に体験してしまうと、そもそもweb上だけでも建物や周辺の情報の確認がある程度はできますので、徐々に現地に足を運ばずに物件を購入するようになってもおかしくありません。

さらには、購入した後に定期的に現地に足を運んで確認しているということになると、もっと少数派になるかもしれません。

ただ、〈売却〉ということを多少なりとも念頭に置くのであれば、やはり現地の確認は怠らないほうが良いでしょう。

所有している物件の売却を最終的に成立させるためには、1人以上の買主候補に手を挙げてもらう必要があります。

そもそも〈個人売主物件〉は、〈不動産業者自ら売主物件〉と比べると、提供できる融資条件や補償に差があるわけです。

さらに〈個人売主物件〉の市場のなかだけでも、〈東京ワンルームマンション〉という括りでは常時1,000戸以上の競争相手が売り出されているのです。

投資物件である以上、住所地や駅からの徒歩分数、築年数または家賃や価格、利回りといった図面から読みとれる情報だけで判断されることも少なくありませんが、**物件選定の際に「現地確認を絶対条件」にしている買主候補もいるわけです。**

たった1人の買主候補が手を挙げてくれるだけでいいのですが、逆にその1人が手を挙げてくれなければ、いつまでも売却は成立しないのです。

取りこぼしの可能性はできるかぎり排除しておく必要があります。

現地確認がもたらしてくれるもの

物件を購入する際に現地へ足を運ぶことで、その物件の良い面も悪い面も、自分の五感で直接確認することができます。

建物そのものの造りや管理の状態、前面の建物や道路との関係、部屋の位置ごとに異なる陽当りや外部音、1階に飲食店があれば匂いの影響なども。

他にも、
「最寄り駅から物件までの道のりはどんな雰囲気なのか」
「上り坂や下り坂といった高低差はあるのか」
「活気のある商店街や遅くまでやっているスーパーはあるか」
「風俗街を通らなくて済むのか」
「部屋探しをしている人がどういう印象を持ちそうなのか」
などなど。

購入するときに現地やその周辺を確認することは、将来の買主候補の視点で、その物件の良い面と悪い面がどう映るかの事前調査でもあります。

購入する際に選択肢が他にあるのなら、それぞれの現地に足を運んで、1つでも多くキラリと光るものがある物件、1つでもネガティブな要素が少ない物件を選ぶべきでしょう。

また、購入した後でも、定期的に現地に足を運ぶことで、建物の日常の管理状態を確認できます。
「エントランスにゴミや郵便物が散乱していないか」
「掲示板に貼られたお知らせが、いつのものかわからないようなボロボロのものでないか」
「ベランダにゴミを積み上げている入居者はいないか」
などなど。

建物管理をより良くするために、自ら管理組合の理事になって先頭で旗を振って積極的に働きかけていくとなると、責任や色々な手間や時間も取られ、抵抗のある方も多いでしょう（私も同じです）。

ただ、現地を見に行って気になることがあれば、オーナーとして建物管理会社へ電話を１本入れるだけで、ちょっとした日常管理の不備はいくらでも修正してもらうことができます。

こういったことを、そのマンションを所有している間に定期的に行っておけば、建物管理会社としても「オーナーの目が光っている物件」ということで、日常管理により目を配ってくれることになるでしょう。

日常管理がしっかりと行われていれば、〈売却〉のときには当然に有利に働きます。

〈所有し続ける〉という前提でのみ考えるのなら、百歩譲れば、購入する際も保有している間も現地の確認は必要ないかもしれません。ただ、少しでも〈売却〉を選択肢として考えているなら、**物件や周辺のリアル現地確認を欠かさない**ことをおすすめします。

あなたが所有している物件を売り出す際に、購入を検討してくれる候補者は、常にたくさんの投資物件のなかからより良い物件を探し出そうとすることを、くれぐれも忘れないようにしましょう。

3 物件の価値を測る公式を常に意識する

続いては、〈保有〉している間に**将来の売却価格を可能なかぎり高める、もしくは下げないための注意点**を別の角度から確認しておきたいと思います。

ここでお伝えしたい内容はシンプルなもので、具体的には〈保有〉している間は、第２章でも登場した下記の式を忘れないようにしておくということになります。

市場の売却想定価格（Value）＝得られている手取り家賃収入（Income）÷投資家の期待利回り（Rate）

第２章での説明の繰り返しとなりますが、〈投資用物件〉は人に貸して収益を得ることが目的となりますので、得られている手取り家賃収入を投資家が期待する利回りで割り戻すことで、売却想定額や価値を測ることができます。

たとえば、ある物件の手取り家賃収入が年間 100 万円だったとして、（市場全体での）投資家の期待利回りが 5%だとすると、100 万円 ÷ 5% = 2,000 万円となるので、売り出し価格が2,000万円を大きく超えてくるとこの物件は動きにくく、2,000万円を大きく下回るとすぐに売れるだろうという意味合いで、大まかには2,000万円を売却想定額と推定できます。

市場での売却想定額がこのような式で試算される以上、保有している間は、**分子部分の得られている手取り家賃収入をなるべく高く保ち、分母部分の期待利回りをなるべく低く保つこと**が、将来の売却想定価格を高く維持するために必要なこととなります。

投資家の期待する利回りとは

まずは、分母部分の〈投資家の期待する利回り〉をなるべく低く保つ施策から確認していきましょう。

〈投資家の期待する利回り（以下、期待利回り）〉は、そのままではイメージしにくいので、「投資家が物件を購入するにあたり、『このぐらいの利回りは欲しいよね』と希望する利回り」と読み直すのが良いと思います。

期待利回り≒投資家がその物件に希望する利回り

期待利回りとは、「この物件はこのぐらいの利回りがあったらいいな」という投資家の希望であり、大まかには「地方なのか都心部かといったエリア」や「木造なのか鉄筋コンクリートかといった構造」によって変わってくるもので、細かく見れば、同じ〈東京ワンルームマンション〉でも、立地や築年数、管理状態などによって違ってきます。

たとえば、都内私鉄の各駅停車駅最寄りの築30年の物件なら、最低でも利回り5%は期待する（希望する）投資家でも、JR品川駅前の築10年の物件なら、利回り3%台でも即購入を決めるかもしれません。

このように、立地や築年数、その他諸々の要素からうかがえる〈資産価値〉や〈希少性〉〈リスク度合い〉などで、細かく意識しているかどうかは別としても、投資家は、購入を検討する物件に対しての期待利回りを上下させます。

計算してみるとわかるのですが、この期待利回りの違いが、売却想定価格に与える影響は小さいものではありません。

たとえば、手取り家賃が8万円の物件への期待利回りが0.5%違うとすると、売却想定価格は200万円以上変わってきます（8万円×12÷4.5%－8万円×12÷5%≒213万円）。

そのため、将来の売却を有利にするためには、物件を持っている間はこの期待利回りがなるべく低く評価されるようにすることが大切になります。

とはいえ、1部屋単位で所有している〈東京ワンルームマンション〉の場合は、〈保有〉している間の期待利回りを、所有者の自助努力によって引き下げられる方策は、そう多くないかもしれません。

期待利回りを引き下げる施策として考えられるのは、次のようなものです。

「室内の設備を充実させる。具体的には３点式ユニットの水回りをバス・トイレ別にするなどのリフォームをする」
「居室の魅力を高める。たとえば、素材にこだわったデザインリノベーションを施す」
「建物への日常管理を徹底してもらう」

このような方策をとることで、
「居住空間が充実していて空室リスクが低そうだから、利回りは多少低くても良いか」
「利回りは低いけれど、管理状態のよい物件だからそこは妥協するか」
などと、投資家の期待利回りが下がることを狙うぐらいではないでしょうか。

このように、一部屋単位のワンルームマンション投資では、建物全体に直接的に手を入れることができる１棟マンション所有や木造アパート投資と比較すると、期待利回りを引き下げるための施策に限度があることは否定できません。

市況により上下する投資家の期待利回り

どちらかというと、この〈期待利回り〉という考え方がワンルームマンション投資にとって重要となるのは、**売り出しの時期を見定めるとき**となるかもしれません。

不動産投資物件全般に対しての大まかな投資家の〈期待利回り〉は、市況の影響で上がったり下がったりします（**図表5－2**）。

たとえば、一般的に景気が良いと言われているときは、投

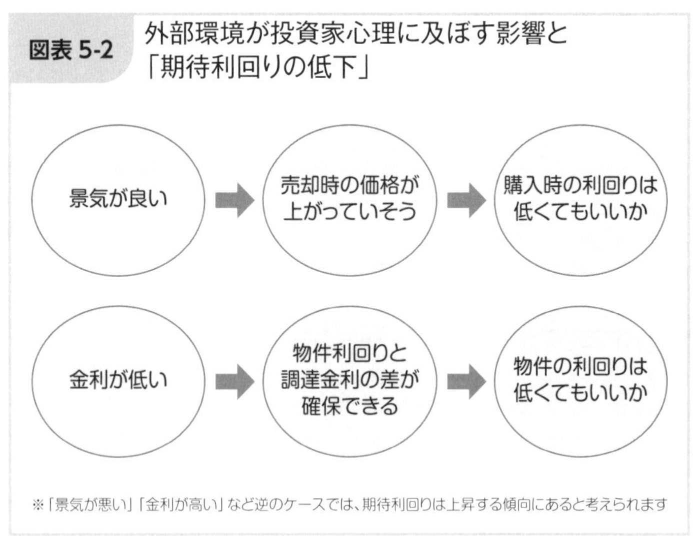

資物件に対しての〈期待利回り〉は下がる傾向にあります（つまり多少利回りが低くても購入しようとします）。

景況感が良いときは、購入物件の将来売却価格への期待（将来、売却時には値上がっているのではないかという期待）も高まりますので、その分現収益に対する〈期待利回り〉が下がるためです（将来の値上がり益が見込める分、多少利回りが低くてもいいかなと考える）。

また、金融政策やそれに伴う金融機関の融資姿勢も、この〈期待利回り〉に影響を与えます。

投資家が実際に得ることになる収益は、「物件の利回り」から「資金調達金利（ローン金利）」を差し引いたものです。

そのため、金融機関の融資姿勢が積極的でローン金利が低い水準にあるときは、物件そのものに対する〈期待利回り〉も下がる傾向にあります（調達金利が低い分、物件自体の利回りが多少低くてもいいかなと考える）。

このように、市場全体の期待利回りが上下どちらに向いているかを、物件の売り出し時期を見定める材料の1つにすることはできそうですが、区分所有の〈ワンルームマンション投資〉では**「保有している間」に自分の持っている物件の期待利回りを下げる方策があまりない**ということを意識しておきましょう。

その一方で、前述したとおり、「物件購入の際に現地をしっかり確認する」目的は、つまりは「〈期待利回り〉の低い物件をしっかりと選びましょう」という話に他なりません。

現地を確認する際に重要なことは、投資家の〈期待利回り〉を下げられる材料が１つでも多い（〈期待利回り〉が上がる材料が１つでも少ない）物件を探し出すことです。

これだけ駅からの商店街が充実しているなら〜、グレードの良い建物なら〜、眺望が開けている部屋なら〜、「多少利回りが低くてもありかな」と将来の買主候補に考えてもらえる物件を選ぶことが大切です。

保有している間に物件の〈期待利回り〉を下げる方策があまりない分、購入時の物件選びがより重要であると理解しましょう。

〈入居者が支払ってくれる家賃〉に目を向ける

自助努力として〈期待利回り〉を下げることが難しい分、売却想定価格を上げる（下げない）ためには、保有している間に分子部分の〈得られている手取り家賃収入〉を引き上げる（下げない）ことが大切になります。

> 市場の売却想定価格（Value）＝得られている手取り家賃収入（Income）÷投資家の期待利回り（Rate）

この分子部分の〈得られている手取り家賃収入〉は、次のように分解することができます。

得られている手取り家賃収入（Income）＝入居者が支払ってくれる家賃－建物管理費や修繕積立金

つまり、〈入居者が支払ってくれる家賃〉から〈建物管理費や修繕積立金〉などの経費を差し引いた、シンプルなものです。

まず、〈建物管理費や修繕積立金〉に注目します。こういった毎月発生する経費は、その数千円の違いでも、計算上は年換算されて期待利回りで割り戻すため、想定売却価格には数十万円単位の差を生み出します。

〈修繕積立金〉が新築当時から極端に安く設定されたままで、いつ大幅に値上げされてもおかしくない物件や、安易な値上げばかりを提案してくるような建物管理会社の存在など、所有者としては注意が必要なトピックとなります。

実際に値上げされることが確定する前であっても、管理総会の議案として上程されるだけで、電卓をたたいて希望購入額を提示する不動産業者はもとより、個人である買主に対してもネガティブな影響を及ぼします。

とはいえ、ここでも、この〈建物管理費〉や〈修繕積立金〉を上げさせない、もしくは下げることは、やはり建物全体のなかの一部屋を投資対象とする〈ワンルームマンション経営〉では、自分ひとりで自由にコントロールするのは容易なことではありません。

〈建物管理費〉や〈修繕積立金〉は、管理組合の総意で決めるもので、規約の記載事項なのかどうかにもよりますが、議決権数の過半数や4分の3以上の同意が前提となります。

なかには管理組合の理事に就任して、全区分所有者に働きかけてアクティブに管理費の見直しや管理会社の変更まで目論む方もいるかもしれませんが、その手間暇を考えると誰にでもできるものではありません（この分野に興味のある方は、『マンション管理はこうして見直しなさい』〔廣田晃崇著　ダイヤモンド社刊〕など、専門家による書籍が参考となるかもしれません）。

〈建物管理費や修繕積立金〉の動向が注視すべき点であることに間違いありませんが、大半の所有者にとっては、実際の建物の管理状態とともに、「売るか売らないか、売るならどのタイミングか」を計る材料の1つとするくらいが、現実的なところではないでしょうか。

そうなると〈入居者が支払ってくれる家賃〉をいかに上げるか、もしくは下げないことができるかが、売却想定額を高く維持するために〈保有している間〉に行うことができる身近なこととなります。

とはいえ、売却のことを持ち出すまでもなく、誰にとっても入居者が支払ってくれる家賃は高いにこしたことはありません。「なにを今さら」という印象をもたれることでしょう。

ただ、「家賃を上げる、もしくは下げない」ことと、「空室期間をどのくらいまで許容するか」を天秤にかけることは、マンション投資を実践しているなかで投資家が当たり前に直面する場面です。

〈売却〉を視野に入れているかどうかで、判断基準が多少なりとも変わりますので、ここで取り上げることとしました。

入居者入れ替え時の賃貸付けに苦戦をしたときに、家賃を見直すかどうか検討するときなどが、これに当てはまるでしょう。

たとえば、家賃８万円で募集をしていたが、なかなか入居者が決まらず、賃貸管理会社から家賃を3,000円下げる提案を受けている、もしくは、８万円で募集をしていたところ、入居申し込みが入ったが、3,000円の値引きが条件だった場合などです。

こういったケースで、「3,000円の家賃値下げを許容するのかしないのか」、数字を基に検討する場合、将来の〈売却〉を見すえるかどうかで判断材料が変わってきます。

〈売却を考えていない場合に考慮すること〉

① 家賃を下げずに8万円で募集を続けたとして、空室期間がどのぐらい長引くか、そしてその損失金額
(たとえば、1.5カ月空室期間が長引くと想定すると
▲8万円×1.5カ月=▲12万円)

② 家賃を▲3,000円下げたとして、新入居者の居住期間はどのくらいか、そしてその収益損失額
(たとえば、居住期間を3年と想定すると▲3,000円×36カ月=▲10万8,000円)

∴判断材料:「①家賃を下げなかった場合の収益損失額」と「②家賃を下げる場合の収益損失額」の比較

〈売却を考えている場合に追加で考慮すること〉

③ 家賃を▲3,000円下げたとして、売却時の想定期待利回りで割り戻すと、どのくらいの売却損失額か
(たとえば、売却時の利回りを4.5%と想定すると、
▲3,000円×12÷4.5%=▲80万円)

∴判断材料:「①家賃を下げなかった場合の収益損失額」と「②家賃を下げる場合の収益損失額」+「③家賃を下げる場合の売却損失額」との比較

このようなケースで、最終的にどういった判断を下すのかは、投資家ごとにまたその時々の状況により違ってくるはずですが、同じ１人の投資家が同じ状況に置かれていたとしても、「売却を視野に入れているかどうか」で、その内容は変わってくることでしょう。

家賃数千円の違いとはいえ、将来の売却想定価格に与える影響は小さくありません。目先の空室期間が延びることを許容して、「家賃を引き下げない」という判断をする投資家もいるでしょうし、なかには家賃を下げない代わりに、フリーレント（入居後の一定期間、家賃を無料にすること）期間や賃貸付けをする仲介業者への謝礼金を多めに設定することで、「一時的な負担金を負ってでも家賃を下げずに入居者を探す」という選択をする場合もあるかもしれません。

ちなみに、こういったフリーレントなどの手法を使うことで家賃を下げずに（もしくは上げて）入居者をつけるのは、投資ファンドがよくやる手法です。投資ファンドは２～３年といった短期の物件売買を繰り返すことで、売却益を主とした利ザヤを稼ぐのが一般的です。

もちろん売却価値を測る際は、現在家賃だけでなく相場家賃も調査されることになるのですが、家賃を下げて空室を埋めるのは価格評価を下げることにシンプルに直結するため、その回避策としてこういった手法を使います。

ファンドの取り扱い物件は住居系に限りません。新しいオフィスビルなどが、半年～1年といった極端なフリーレントをつけて募集されていることがあるのは、こういった事情からでしょう。

いずれにしても個人投資家としては、空室期間が長引くと不安な気持ちも出てきて、つい安易な家賃の引き下げを考えてしまいがちですが（私も何度も経験しています）、売却想定額への影響を踏まえ、落ち着いて冷静に判断することが必要となります。

〈フリーレント〉という飛び道具を持ち出さないまでも、相場とかけ離れた高い家賃で募集をしている場合は別ですが、募集家賃がある程度適正であるのなら、金額を見直す前に賃貸管理会社の募集方法を確認したり、原状回復工事後の室内を確認させてもらったり、なにかしら入居者づけについての改善余地がないか検討するのも1つのやり方でしょう。

個人投資家としての私自身も、賃貸募集で時間がかかっている物件にはなるべく足を運び、「家賃を下げる」以外の改善点がないか、アンテナを張って室内の確認をするようにしています。

過去には、専門業者によるクリーニング済みのエアコンから部屋を覆いつくすカビ臭さが漂うことがわかったり、小さな投資ですが、数万円で見映えが変わるシャワーヘッドなど水栓器具の交換や、網戸のついていなかった物件への新設など、家賃を下げる前にできそうな目についたことは実践してきました。

売却の観点を加味すると、家賃を下げることの影響の大きさを意識せざるを得ないので、その分家賃を下げる前にかけられる手間暇や少額投資に力を注ぐよう心がけています。

4

〈サブリース〉はできるかぎり使わない

最後に、保有中の要注意事項として「サブリース（家賃保証契約）はできるかぎり使わない」についてです。

 〈サブリース〉の仕組み

ご存じの方も多いと思いますが、〈サブリース〉とは所有者が部屋を直接入居者に貸すのではなく、賃貸管理会社（この場合は〈サブリース会社〉とも呼びます）に貸したうえで、その会社が又貸しとして入居者に部屋を貸すかたちのことです（図表５－３）。

厳密には、所有者と〈サブリース会社〉との契約を「マスターリース契約」、又貸しとしての〈サブリース会社〉と入居者の契約を「サブリース契約」と区別されています。しかし、一般的にはこの一連の仕組み全体を〈サブリース〉と呼ぶことが多いため、本書でもそのような表現にしています。

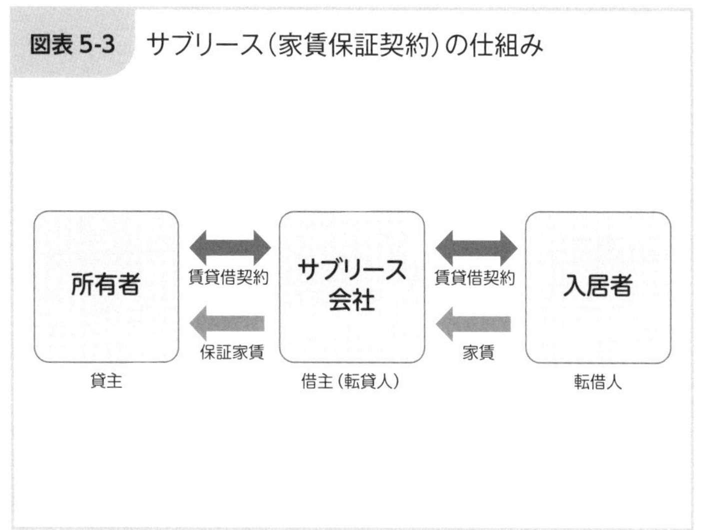

〈サブリース〉にすることで手取り家賃は減りますが、実際に入居する方がいなかったとしても、〈サブリース会社〉が家賃を支払ってくれますので、所有者とすると入居者がつかないことの損失やストレスからは解放されます。

長期保有が前提となる不動産賃貸経営にとって、〈サブリース〉は運用手法の1つとして、一定のメリットがあることは否定しません。しかし、〈売却〉という観点で考えると、おすすめできる理由はあまりありません。

前項の売却想定額を計算する式でいうと、空室リスクを下げることで分母部分の〈期待利回り〉を引き下げる効果はありますが、分子部分の手取り家賃収入をそれなりに減らすことにもなります。

そもそも〈東京ワンルームマンション〉は賃貸安定性が高いため、〈サブリース〉にすることで引き下げることのできる〈期待利回り〉は限定的にすぎないと想定されます。その一方で、〈サブリース家賃〉は手数料として相場家賃の10～20％も減額されるため、トータルで売却想定額に与える影響はマイナスになる可能性が高くなります。

〈サブリース〉が将来の売却に与える影響

〈サブリース手数料〉が売却想定額に与える影響を、簡素化のため〈期待利回り〉が変わらない前提で試算すると、次のようになります。

〈期待利回り4.5％の物件の売却を想定する場合〉

・通常家賃　9万円　建物管理費等　1万5,000円
期待利回り4.5％からの売却想定価格⇒（9万円－1万5,000円）×12÷4.5％＝2,000万円

・サブリース家賃　8万1,000円（通常家賃の90％で計算）　建物管理費等　1万5,000円
期待利回り4.5％からの売却想定価格⇒（8万1,000円－1万5,000円）×12÷4.5％＝1,760万円

売却想定利回りが4.5％の市場で家賃９万円の物件だと、直接入居者に部屋を貸す場合と、家賃の90％の〈サブリース契約〉の場合で、その売却想定額に240万円の差が生じます。

ちなみに、この価格差を期待利回りの引き下げでカバーするには、おおよそ0.5％、つまり〈サブリース〉にすることによって、当初の期待利回り4.5％を4.0％に下げる必要があります。しかし、市場でそこまでの評価がされるかは厳しいところでしょう。

さらに〈サブリース契約〉にすることは、いざ売り出す際の買い手候補の総数を大きく減少させてしまう可能性もあります。

これまでもお伝えしてきているとおり、〈東京ワンルームマンション〉を売り出した際は、不動産業者自身が買主として手を挙げることが多々あります。

こういった不動産業者の多くは、転売を目的とした買取りと同時に、賃貸管理を自社で行うことを前提としています。

そのため、他業者の〈サブリース契約〉が入っていることで、買取り後に入居者とのやり取りを直接行えない物件は、その購入対象から外されてしまうことがあるのです。

売却する段階で解約ができれば、なんら問題はないのですが、〈サブリース契約〉は見え方としては〈家賃保証契約〉であっても、あくまでも一般的な賃貸借契約と同じように扱われます。つまり、貸主側（所有者）の都合での解約には正当事由が必要で、**借主側（サブリース会社側）の合意が得られないかぎりは**、解約は非常に難しいものとなります。

それでは〈サブリース会社〉が解約に合意をしてくれるかと言えば、〈サブリース契約〉を解除しないことこそが、売却による自社賃貸管理物件の流出、つまり大切な収益源の消失を防ぐことになるので、まずその求めには応じてくれないと考えて間違いないでしょう。

賃貸経営を続けていくなかでは、賃貸募集に向かない時期（いわゆる閑散期）での入居者退去や、実際に空室期間が長引いたときなど、賃貸管理会社から〈サブリース〉を提案されることがあるかもしれません。

目先の安心感を考えると優しい提案にも思えますが、実際にご自身の運用に取り入れるかどうかは、将来の〈売却〉へ与える影響を踏まえて慎重に検討するようにしてください。

所有している物件ですでに〈サブリース〉にしているものがある場合は、売却を現実的に考える前に〈サブリース契約〉の更新時期などを見計らって、通常の賃貸管理契約への移行を打診するのも１つの手です。

賃貸管理会社（サブリース会社）によっては、自社管理物件の流出につながらない、売却を前提としない〈サブリース契約の解除〉には応じてくれることもあります。

以上、この第５章では〈売却〉への直接的なアプローチとは別の、買うとき（購入）と持っているとき（保有）の注意事項を補足的に解説しました。

具体策としての「現地をしっかり確認する」「サブリースはできるかぎり使わない」の２点は、なんとなくでも頭の片隅に置いておくようにしてください。

コラム④

室内のバリューアップは売却にどのくらい有効？

これまで見てきたとおり、ワンルームマンション投資は、木造アパートや1棟マンションのように建物全体を自由にできるわけではなく、色々な制約があります。

しかし、室内のバリューアップに関しては、オーナーの裁量のみで行うことができます。バリューアップが売却価格へ及ぼす影響を、本文で登場した式で確認しておきましょう。

【市場の売却想定価格（Value)】＝【得られている手取り家賃収入 (Income)】÷【投資家の期待利回り (Rate)】

室内をバリューアップする（たとえば、3点式ユニットから風呂トイレ別にする、居室のデザイン性を高める、など）ことで空室などのリスク要因を小さくし、分母部分の〈期待利回り〉を引き下げることで、市場での売却想定額を上げられる可能性があるのは、これまでお伝えしてきたとおりです。

ここでは、分子部分の〈得られている手取り家賃収入〉への影響について見ていきたいと思います。

強調するまでもないかもしれませんが、室内をバリューアップすることで家賃を上げられるケースは多々あります。

家賃アップの度合いは、その物件ごとの特性やどこまでのバリューアップを図るかによっても変わってきますが、東京という家賃相場が高いエリアでは、バリューアップを行うことによる家賃の引き上げが実現しやすいと言えます。

下記は、2023年2月時点でポータルサイトのライフルホームズ（https://www.homes.co.jp/）で確認した、東京都新宿区と福岡県の福岡市中央区の家賃相場になります。

新宿区	家賃相場	10.6万円
福岡市中央区	家賃相場	5.6万円

どちらも「ワンルーム・1K・1DK／マンション」で確認したものなのですが、同じ単身者用住居でも、エリアによってかなり家賃相場に開きがあることがわかります。

その差が生じている要因を一言で言ってしまえば、賃貸の需給バランスの違いによるものでしょう。

家賃も大まかにはモノの値段ですので、借りる入居者の数（需要）と貸し出される部屋の数（供給）とのバランスによって、その相場観が形成されていると言えます。

そして実は、この家賃相場の高い・低いと「そのエリアで募集されている家賃の幅」には相関関係があります。すなわち、「家賃相場の高いところほど、募集されている家賃の幅が大きい」という傾向があるのです。

先ほどの新宿区と福岡市中央区の家賃相場に、同じくライフルホームズで確認できた「募集家賃の情報」を追加すると、次のようになります。

新宿区　　　　　　家賃相場　　　　10.6 万円
（実際に募集されている家賃）　4.5 万円～ 16.0 万円

福岡市中央区　　家賃相場　　　　5.6 万円
（実際に募集されている家賃）　2.1 万円～ 8.9 万円
※実際に募集されている家賃（共益費込み）は「ワンルーム・1K・1DK ／マンションの 30 平米未満」で検索

家賃相場の高い新宿区で募集されていた一番高い家賃と一番安い家賃との差は 11.5 万円、福岡市中央区では 7 万円ほどです。

これはみなさまも時間があれば、色々なポータルサイトなどで確認してみていただきたいのですが、家賃相場の高低とその募集幅には、このようなわかりやすい関連性があります。

ここでは差が大きく違いが見えやすい東京と福岡で比較していますが、同じ東京都内でも家賃相場の高い 23 区とその他の市部などを比較すると、やはり募集家賃幅の違いを確認することができます。

新宿区内で30平米未満の単身者向け住居が、かたや16万円、かたや4.5万円で募集されているのは、築年数や専有面積、街並みや最寄り駅からの距離、周辺環境や建物のグレードの違いといった、部屋の特性を構成するさまざまな要素によるものです。一言でまとめると「入居者に提供する居住空間の価値」と言えます。

エリアごとに形成されている大まかな相場観があるなかで、個別物件の家賃はその居住空間が入居者にどれだけの価値を提供できるかによって、その家賃が決められているのです。

そして、そういった価値がどれだけ家賃に反映されるかは、そのエリアで募集されている家賃の幅を見ることでわかります。なぜなら、家賃の幅が広いということは、居住空間が提供している価値の違いがそれだけはっきりと家賃の差に表れているということだからです。

ということは、このようなエリアではバリューアップすることで室内の〈使い勝手の良さ〉や〈住み心地の良さ〉という価値を高めることができれば、その分だけ家賃を引き上げやすいとも考えられるのです。

そして、その家賃アップは計算上、売却価格へそれなりの影響を与えてくれることになります。

たとえば、〈期待利回り〉4.5％の物件で家賃を1万円上げることができれば、物件の価値を測る式になぞらえると「1万円×12÷4.5％」で、理論上は売却想定価格が260万円ほど上がるということです。

したがって、この家賃アップのための施工を 260 万円以内の費用でできるのなら、検討する価値があるかもしれません。

また、室内をバリューアップして家賃を上げると、マンション保有中は逃れることのできない管理費や修繕積立金などの維持管理コストの（家賃収入に対する）比率を引き下げることにもなります。

継続的にかかるコストが同じで得られる収入を大きくするのなら、それは投資商品としての優位性を高められるということです。

とくに長期で収益を積み上げていく性質の不動産投資にとっては、モノであるマンションの維持管理コストが当然に経年により増大していくであろうことも踏まえると、その意味するところは大きいと言えます。

将来的な売却を見すえつつ、当面は保有を続ける物件へバリューアップを施すのも、有効な策と言えるでしょう。

ただ、注意しなければならない点を挙げておくと、いくら室内を大がかりにバリューアップしたところで、入居者募集時には、実際に部屋探しをしている人の「建物自体の築年数とそれにふさわしい家賃の相場観」という壁にぶつかるかもしれません。バリューアップしたことで高い家賃を設定しても、インターネットで部屋探しをする方からは、「築年数と家賃のアンバランスさ」を理由に、対象から外される可能性があります。

また、バリューアップしてすぐの室内が新築同様のときは家賃をうまく引き上げられても、入居者が2回3回と入れ替わるにつれて、通常の中古物件と同じように見なされるのなら、結局は家賃が徐々に下がっていくことにもなりかねません。こうなってくると、売却想定額どうこうの前に、「そもそも本当に家賃を上げられたと言えるのか」ということにもなってしまいます。

一定の費用負担を伴うバリューアップを行う際には、賃貸づけでの工夫や中長期的な観点をもった部屋づくりなど、想定される課題への対策も併せて検討する必要があります。具体的には、入居者募集時にはデザイン物件や築古リノベ物件に特化した客付け業者やサイトを活用する、部屋づくりでは経年劣化しにくいデザインや素材を採用する、といったことなどが考えられます。

またもう1つだけ、このコラム内の私自身の記載に厳しめの指摘をつけ加えておくと、仮にうまく家賃を上げられたとしても、先ほどのような〈電卓をたたいて試算できる売却想定価格〉はあくまでも机上のものにすぎないとも言えます。本当にその価格で売れるのかは、実際に市場で売り出してみて購入者が手を挙げてくれるかどうかにかかってきます。

買う側からしても、いくら費用をかけて室内の施工をしているとは言っても、やはり建物自体の築年数を相当程度割り引いてくるかもしれません、バリューアップで引き上げられた家賃を一時的なものだと判断してくる可能性もあるでしょう。

〈東京ワンルームマンション〉という大きな括りで考えれば、バリューアップに伴う家賃の引き上げを想定しやすいことは間違いありませんが、実際にどのレベル感でどこまでの費用をかけるのかは、その費用対効果をシビアに見つつ、慎重に判断する必要があると言えそうです。

おわりに

ここまでお読みいただいて、ありがとうございました。

本書では〈投資用ワンルームマンションの売却〉というテーマにおいて、優先順位がとくに高いと考えられる内容にフォーカスして解説をしました。

最後の振り返りとなりますが、〈売却〉を少しでも意識したときに辿るべき具体的なプロセスは、次のとおりです。

「売るかどうかを考える」⇒「売る価格を決める」⇒「できるかぎり高く売る努力をする」というシンプルなもので、少し視点の異なる内容を付け加えると、**「将来の売却のために買い方と持ち方も注意する」**ということです。

そして、そのなかで特にお伝えしたかったのは、5つの章に分けて解説をしたとおり、

①（※単純に儲かるか儲からないかだけではなく）
「自分の投資全体のなかで、その物件を売ることがどういう意味を持つことなのか精査する」

②（※不動産業者や買主側の言動に流されることなく）
「主導権をもった納得感の得られる売却のために、手残り

現金を試算する」

③（※囲い込みに巻き込まれることなく）
「できるかぎり高値で売るために、信頼できる業者を選び、
投資家自らもけん制とチェックを行う」

④（※目先の賃貸経営の良し悪しだけでなく）
「売るときに困らないように、購入時も保有中も現地の確
認を怠らず、サブリース導入はとくに慎重に考える」

ということです。

そして、みなさまにあらためて強調しておきたいのは、〈売却〉を「自分の武器にする」ことの意義です。

〈売却〉は「その行為が所有者である自分以外の第三者から禁じられていない」という意味で、マンション経営を実践しているすべての投資家に与えられているプロセスであり、選択肢の１つです。

選択肢である以上、使いこなせるにこしたことはなく、それがもたらす意味や効果的な使い方に精通しているほど、その資産形成や運用は柔軟でしなやかな強さをもったものになります。

不動産投資には、**不確実性を抱えていることによる不安**が

常につきまとうものです。

それは、自分が持っている物件や自分自身に対して将来起こる変化を100%予測することができない一方で、取り扱う金額が大きいものだからです。

そんななかでも、端的に言ってしまえば、「いざとなったら最善なかたちで売却をして、その物件への投資を終わらせる」準備が整っているのであれば、そういった不安に過剰に振り回されることなく、地に足のついた冷静な投資活動を続けることができるでしょう。

そして、できることならば、みなさまの投資人生のなるべく早い段階で、〈リアルな売却〉という経験値を積んでおくことをおすすめします。

知識だけでなく実践しておくことで「いざとなったときに使いこなせるように」ということではありますが、それ以上のものも得られるはずです。

実際に自分が持っている物件を手放し、手元に現金をつくり出す体験をすると、〈売却〉が単なるゴールではなく、**投資活動をより発展的に展開させてくれるステップとなる**ことを、私が味わったのと同じように強く実感できると思います。

「利益を確定させるために」
「損失を回避するために」
「投資活動の終了を迎えるために」

このような動機から売却に踏みきることは一般的ですが、もう一歩考えを進めて、「これからさらに投資活動を発展させていくために〈売却〉を検討する」という観点からも、「この頼れる武器」を自分のものにすることを検討してみてください。

最後になりますが、本書をお読みいただいた読者のみなさま、松本威さんならびに田所陽一さんをはじめ出版にあたり多大なお力添えをいただいたみなさま、いつも応援し支えてくれている妻と3人の子どもたち、両親、そして私がこの投資用ワンルームマンション業界に入って25年の間に接点をもってお付き合いいただいたすべての方々へ、心から深く感謝申し上げるとともに、益々のご多幸をお祈りさせていただきます。

リヴァティ株式会社 代表取締役　寺内直哉

【参考文献】

猪俣淳『誰も書かなかった不動産投資の出口戦略・組合せ戦略　詳細解説版』住宅新報社
清水千弘『不動産市場分析』住宅新報社
宮田勝弘『不動産キャップレートの決め方ー収益用不動産と投資利回りの見方』プログレス
関谷健『絶対に得する！自宅マンションを高く売る方法』コーシン出版

【著者紹介】

寺内直哉（てらうち・なおや）

リヴァティ株式会社 代表取締役、不動産コンサルタント

1972年9月、青森県弘前市生まれ。上智大学経済学部経済学科卒業。
新築ディベロッパーを経て、2005年にリノベーションを強みとする中古マンション専門会社の起業に参画、中核メンバーとして各部署責任者を歴任し、幅広い業務を通じて資産形成サポートの経験を積む。
2019年4月、リヴァティ株式会社を設立、代表取締役に就任。顧客の利益を最優先することを絶対の約束とし、売上至上主義や囲い込みがはびこる不動産業界に新風を吹き込む。
個人としても20年近く、都内のワンルームマンションを中心に賃貸経営を実践中で、業務としてだけでなく自らの売却や購入など、豊富でリアルな経験と知識を活かし、真に顧客サイドに立ったコンサルティングを行っている。

〈保有資格〉

1級FP技能士、公認不動産コンサルティングマスター、宅地建物取引士、マンションリノベーションアドバイザー、競売不動産取扱主任者

〈著書〉

『リノベーション投資入門』総合法令出版

リヴァティ株式会社
https://liverty-tokyo.com/

編集協力　　田所陽一
装幀・組版　　中西啓一（panix）
図版制作　　橋立　満（翔デザインルーム）
校　　正　　北谷みゆき

ワンルームマンション「売却」を学ぶ入門書
投資をステップアップさせる秘訣がここにある

2023年4月17日　第1刷発行

著　者　　寺内直哉
発行者　　松本　威
発　行　　合同フォレスト株式会社
郵便番号 184 - 0001
東京都小金井市関野町 1-6-10
電話 042（401）2939　FAX 042（401）2931
振替 00170-4-324578
ホームページ　https://www.godo-forest.co.jp
発　売　　合同出版株式会社
郵便番号 184 - 0001
東京都小金井市関野町 1-6-10
電話 042（401）2930　FAX 042（401）2931
印刷・製本　恵友印刷株式会社

ISBN 978-4-7726-6221-5　NDC335　188 × 130

合同フォレスト
ホームページ

合同フォレスト SNS

facebook

Instagram

Twitter

YouTube